MOVIMENTOS SOCIAIS, ONGS E EDUCAÇÃO:

Um estudo de caso

DILENO DUSTAN LUCAS DE SOUZA

MOVIMENTOS SOCIAIS, ONGS E EDUCAÇÃO:

Um estudo de caso

IDÉIAS & LETRAS

DIRETOR EDITORIAL:
Marcelo C. Araújo

EDITORES:
Avelino Grassi
Márcio F. dos Anjos

COORDENAÇÃO EDITORIAL:
Ana Lúcia de Castro Leite

COPIDESQUE:
Bruna Marzullo

REVISÃO:
Eliana Maria Barreto Ferreira

DIAGRAMAÇÃO:
Juliano de Sousa Cervelin

CAPA:
Informart / Vinicio Frezza

Revisão do texto conforme o Novo Acordo Ortográfico da Língua Portuguesa, em vigor a partir de 1º de janeiro de 2009.

© Idéias & Letras, 2009

IDÉIAS & LETRAS Editora Idéias & Letras
Rua Pe. Claro Monteiro, 342 – Centro
12570-000 Aparecida-SP
Tel. (12) 3104-2000 – Fax (12) 3104-2036
Televendas: 0800 16 00 04
vendas@ideiaseletras.com.br
http//www.ideiaseletras.com.br

Dados Internacionais de Catalogação na Publicação (CIP)
(Câmara Brasileira do Livro, SP, Brasil)

Souza, Dileno Dustan Lucas de
   Movimentos sociais, ONGs e educação: um estudo de caso / Dileno Dustan Lucas de Souza. – Aparecida, SP: Idéias & Letras, 2009.

   Bibliografia.
   ISBN 978-85-7698-050-6

   1. Assistência social 2. Educação 3. Educação e Estado 4. Educação popular 5. Federação de Órgãos para Assistência Social e Educacional (FASE) – História 6. Movimentos sociais 7. Organizações não-governamentais 8. Pesquisa educacional 9. Política e educação 10. Política social 11. Políticas públicas I. Título.

09-09985   CDD-379

Índices para catálogo sistemático:

1. Educação popular: Organizações
não-governamentais: Política educacional:
Estudo de casos 379

AGRADECIMENTO

Ao apresentar os resultados dessa pesquisa, assumo toda a responsabilidade pelo exposto. Porém, confesso ser essa parte de uma ação coletiva bastante extensa e intensa de troca de ideias e experiências. Aos companheiros: da ANDES-AD; a todos os amigos e professores que estiveram sempre juntos nessa caminhada. Em especial a minha orientadora Marlene Ribeiro, pelo apoio incentivo e dedicação. Por fim aos educadores: Antônio e Davina, pois eternas são as saudades de um amor infinito. Ao Bruno, Luíza e Clara, Inês e Simone, amores da minha vida.

Ao apoio Institucional da Universidade Federal de Viçosa e ao Departamento de Educação.

Aos trabalhadores/as que financiaram meus estudos numa universidade pública, gratuita e de qualidade.

SUMÁRIO

Prefácio – 9
Introdução – 15

1 – A experiência como base de construção – 17
Sujeito / objeto de pesquisa e indicações metodológicas – 22

2 – Estado e movimentos sociais – 41
Metamorfoses do Estado Liberal – 43
As possíveis relações entre Estado e movimentos sociais – 69
Movimentos sociais – 81
ONGs – Entre o público e o privado – 96

3 – Metamorfoses das ONGs:
    Formação e perspectiva política e educativa – 109
Surgimento e consolidação das ONGs no Brasil:
    O processo de formação conceitual – 110
O Terceiro Setor – 146
A interferência externa na política educacional: O Banco Mundial – 152
A política educacional em uma perspectiva emancipatória – 164

4 – A federação de órgãos para assistência social e educacional – FASE – 173

História, concepções de educação popular e desenvolvimento comunitário da FASE – 174

Concepções de educação popular, da FASE, nos anos de 1980 – 184

Concepções de educação popular, da FASE, nos anos de 1990 – 198

Considerações finais – 211

Referências bibliográficas – 223

PREFÁCIO

A obra que orgulhosamente apresento responde a uma necessidade atual de compreender o papel das Organizações Não-Governamentais – ONGs – e do Terceiro Setor no âmbito das políticas públicas. Isso porque, nesta obra, o autor propõe-se a fazer uma análise do significado das ONGs na sua relação com o Estado, desenvolvendo um estudo de caso em que focaliza a Federação de Órgãos para a Assistência Social e Educacional – FASE –, em particular, a intervenção educativa que essa entidade realiza junto às classes populares. Desse modo, traz uma importante contribuição ao debate sobre a configuração que assume o Estado na economia neoliberal e na política que lhe é associada.

Nessa política, o cidadão, enquanto sujeito de direitos universais básicos, é transformado em consumidor individual de mercadorias disponíveis no mercado, conforme o poder aquisitivo de cada um. Esse é o sentido mais amplo de democracia para o pensamento neoliberal, ou seja, é necessário ter-se liberdade de competir para que se tenha acesso ao que se quer e pode comprar. A educação é um desses direitos, transformados em mercadorias de diferentes tipos e qualidades. Nessa lógica, às classes populares com pouco ou nenhum poder de compra restam as alternativas de educação popular oferecida pelas ONGs. A FASE é uma delas.

Este é o tema que o autor, Professor da Universidade Federal de Viçosa – UFV –, Dr. Dileno Dustan Lucas de Souza, desenvolve nesta obra que, na sua tese de doutoramento, tem por título: Organizações Não-Governamentais: um estudo de caso da FASE.

Mas as entidades de educação popular, que nos anos de 1990 passaram a ser identificadas como ONGs, podem ter outra função, nem sempre tão visível, em sua relação com os movimentos sociais populares. Do mesmo modo que o autor e também fundamentada em Thompson (1981), vou trazer a minha experiência de convívio com a FASE-Manaus, como educadora popular, contribuinte voluntária e assinante da Revista *Proposta* no período de 1985-1989, confirmando a tese defendida nesta obra.

A FASE instala-se em Manaus após a conquista do Sindicato dos Metalúrgicos, antes presidido por um grupo identificado com os propósitos da ditadura militar. A categoria dos metalúrgicos era a mais representativa das regiões Norte e Nordeste, contando, na sua base em Manaus, com aproximadamente 35.000 trabalhadores. Um trabalho sistemático de formação das lideranças metalúrgicas e de outras categorias, para uma tomada de consciência e organização, foi efetuado não pela FASE, que chegou depois, mas pela Pastoral Operária, a partir do Congresso de Leigos ocorrido em 1979.

A leitura que faço, articulando experiência e teoria numa práxis, pretende contribuir para ampliar o debate, proposto a partir da pesquisa efetuada por Souza, sobre a relação entre os agentes de educação popular e os processos de organização dos movimentos sociais populares. Nessa leitura, a FASE-Manaus, cujos técnicos se deslocaram da FASE-Belém, desenvolveu um trabalho posterior de formação política que fragilizou a direção do Sindicato dos Metalúrgicos, inicialmente separando homens e mulheres para depois colocar os diretores em conflito entre si. No mesmo processo, orientou a chapa que concorria à presidência da Associação Profissional dos Professores do Amazonas – APPAM –, com chances de obter a vitória, a renunciar ao pleito porque o edital previa a distribuição de cargos conforme o percentual de votos entre as chapas concorrentes. Assim, a chapa eleita não seria "pura", justificava-se. Por fim, financiou a viagem de delegados de sindicatos de trabalhadores rurais ao Congresso Estadual da Central Única dos Trabalhadores – CUT – e orientou-os na votação de modo a eleger a chapa apoiada pela FASE à direção estadual da CUT/AM. Desde sua chegada a Manaus, a FASE passou a canalizar todos os recursos destinados a projetos de educação popular e de economia alternativa e começou a contribuir para a realização de eventos da CUT e do Partido dos Trabalhadores – PT –, em nível estadual e nacional. Isso gerou uma dependência financeira que inviabilizou a reflexão crítica para avaliar as estratégias de organização e gestão dos trabalhadores e/ou o controle de suas organizações. Na mesma época, os interesses do capital internacional penetravam com toda a força, na região, tanto no escoamento de produtos já obsoletos em outros países, que manteriam os lucros das empresas multinacionais instaladas no Distrito Industrial, quanto na ocupação dos espaços interioranos, através da compra de terras, por empresas também multinacionais, com incentivos fiscais para a exploração de madeiras, minérios e pescado.

Essa experiência compartilhada com sindicalistas de diferentes categorias de trabalhadores, inclusive rurais, me permite, neste Prefácio, trazer elementos para aprofundar o debate proporcionado por esta obra, tão importante para o entendimento tanto das políticas públicas quanto das contradições presentes na educação popular. Para isso, levanto uma questão que me parece central na obra de Souza. Qual a essência da FASE – uma ONG paradigmática no campo da educação popular – em sua aparência ora de organização comunitária, ora de conscientização, ora de assistência social e educacional aos pobres?

A sua chegada ao Brasil ocorre no início dos anos de 1960, em plena Guerra Fria, quando a Igreja Católica tenta apontar, através de sua doutrina social, um terceiro caminho entre o capitalismo "selvagem" e o comunismo, para além do perigo que poderia significar este último. Mesmo durante a ditadura militar é junto com a Igreja católica que funcionam entidades de educação popular como a FASE. A dúvida maior é: como foi possível sua sobrevivência e, ainda, como, de uma postura crítica nos anos 1980, passa a uma postura assistencialista, nos anos 1990? Será que, tendo em vista a experiência da FASE-Manaus, antes sintetizada, haveria, da parte dessa entidade, um compromisso político com as categorias de trabalhadores com as quais fazia o trabalho de educação popular? Ou haveria um trabalho de controle e encaminhamento a determinados fins, nos moldes do Estado liberal, dos conflitos de classe desses trabalhadores? Por que essa entidade deixou Manaus ao obter seus objetivos desmobilizadores e se mantém, ainda, em Belém, no Pará, fazendo sua educação popular com trabalhadores rurais numa das regiões em que os conflitos de terra são os mais violentos do país?

Aprofundando esta reflexão, perguntamos ainda: na mediação que fazem entre o capital, incrustado no Estado, e as classes populares, através da educação comunitária com que pretendem substituir a inoperância e desqualificação da educação pública, quem são, de fato, os destinatários dos interesses das ONGs e do Terceiro Setor? Talvez as respostas devam ser buscadas na origem dos recursos financeiros que têm sustentado as ações político-pedagógicas da FASE, e de outras entidades do mesmo teor. Sabem-se os nomes das agências financiadoras da educação popular nos países pobres; tem-se a sua definição, enquanto organizações financeiras e empresariais. Seus nomes são do conhecimento público e constam nesta obra. A partir daí, mesmo que os objetivos que orientam as doações e a avaliação dos resultados não estejam explícitos, pelo conhecimento da natureza dos organismos financiadores das ações é possível deduzir tais objetivos. Seriam eles de conscientização e emancipação social das classes populares ou de controle dos processos organizativos dessas classes para a manutenção da relação capital x trabalho? Esta é a questão central focalizada pelo autor.

A pesquisa de Souza, trazida nesta obra, mostra, portanto, que as ONGs desempenham um papel funcional dentro da estrutura do Estado. Este é mínimo como provedor de direitos sociais e máximo como financiador das atividades do capital, cuja força já não encontra pela frente os movimentos sindicais hoje enfraquecidos pelo desemprego estrutural. Mas seria apenas uma decisão econômica, baseada no custo/aluno de crianças e jovens que, ao se tornarem adultos, não obterão empregos o que leva o Estado, apropriado pelo capital, a deslocar parte da educação das classes populares para as ONGs? Ou essas, também e contraditoriamente, continuariam seu trabalho de controle dos conflitos dentro dos marcos do "ensinar a pescar", para aceitar "as coisas como elas são", frase esta retirada da propaganda de um refrigerante?

A educação básica ocupa um lugar privilegiado em um processo de transformação social, que exige de nós, pesquisadores, uma atenção maior às questões acima formuladas. Ela não é o móvel, mas sem ela a transformação da sociedade poderá estar fadada ao fracasso. A obra que apresento nem tanto responde tais questões, mas as amplia e suscita novas interrogações. Nisso consiste a sua fecundidade em um momento tão difícil para a organização das classes populares que, no entanto, precisam estar atentas aos que "desinteressadamente" lhes propõem ajuda.

Profª. Drª. Marlene Ribeiro
FACED/UFRGS

INTRODUÇÃO

O objetivo deste livro é analisar a intervenção social das ONGs, com destaque para a dimensão educativa das práticas e concepções.

Para o alcance do objetivo foi necessário fazer uma pesquisa com o propósito de uma análise qualitativa da atuação histórica da Federação de Órgãos para a Assistência Social e Educacional (FASE), procurando captar as prováveis mudanças por que passou e passa essa Organização, para, desse modo, compreender sua base conceitual. Assim, as discussões desse livro procuraram fazer um exame dessas transformações, levando-se em consideração as mudanças políticas, econômicas e sociais por que passa a sociedade brasileira nos anos de 1980 e 1990, principalmente.

Neste livro faz-se uma análise qualitativa da atuação histórica dessa organização, principalmente no campo educacional, compreendendo a educação no seu sentido amplo, ou seja, não institucional, não escolar, e sim socioeducativo.

Dessa forma, analiso a FASE como uma ONG paradigmática, ou seja, uma organização que serve de referência para a compreensão de tantas outras. Procuro compreender como as ONGs vêm se comportando diante dos conflitos sociais a partir das parcerias e do uso de recursos diretos ou indiretos do Banco Mundial, e se esse apoio financeiro está proporcionando algum tipo de disciplinamento e controle sobre os movimentos sociais, ou, ainda, se estes interferem nas políticas sociais implementadas.

O livro está organizado da forma que se segue. No primeiro capítulo articulo a experiência de educador popular com as questões de pesquisa, considerando a minha trajetória de vida, a relevância desta pesquisa e as indicações metodológicas a partir da apresentação da FASE como sujeito histórico. No segundo capítulo reflito sobre as metamorfoses por que passou e passa o Estado, as suas possíveis relações com os movimentos sociais e as ONGs como espaços públicos e/ou privados. No terceiro capítulo discuto a formação das ONGs e suas perspectivas política e educativa a partir de seu surgimento e consolidação no Brasil; o chamado Terceiro Setor e suas possíveis diferenciações; a relação com o Banco Mundial e as relações e interferências nos projetos das ONGs e, por fim, projeto uma política educacional que tenha a emancipação humana como base para a transformação social. No quarto capítulo analiso a FASE a partir de sua história, trajetória e concepção, seu projeto social e sua intervenção educacional nos anos 1980 e 1990, procurando desvendar as possíveis diferenciações nos seus encaminhamentos. Concluo tecendo algumas considerações sobre algumas contradições encontradas.

A EXPERIÊNCIA COMO BASE DE CONSTRUÇÃO

> A doutrina materialista sobre as alterações das circunstâncias da educação esquece que as circunstâncias são alteradas pelos homens e que o próprio educador deve ser educado. Ela deve, por isso, separar a sociedade em duas partes – uma das quais é colocada acima da sociedade. A coincidência da modificação das circunstâncias com a alternativa humana ou alteração de si próprio só pode ser apreendida e compreendida racionalmente como práxis revolucionária (Marx e Engels, 1993: 12).

A tradição dialética nos lembra a importância metodológica da prática cotidiana para entender a formação da consciência social e suas tensões. Considerando a práxis, é possível chegar-se a uma investigação mais precisa, daí a importância de entendermos as discordâncias entre as diversas formulações metodológicas. Porém, é preciso considerar as formas diferenciadas de construção do objeto do ponto de vista ideológico e não admitir que as mesmas sejam conduzidas dentro de uma disciplina comum que vise o conhecimento imparcial e objetivo.

Talvez o argumento de que a experiência é um nível inferior de realização metodológica que só pode produzir o mais grosseiro "senso comum", "matéria-prima" ideologicamente contaminada e dificilmente qualificadora para ingresso no laboratório das generalidades deva ser repensado. Não creio que seja assim; pelo contrário, considero tal suposição como uma ilusão muito característica de certos intelectuais, os quais supõem que a maioria dos seres humanos sejam estúpidos. A experiência é válida e efetiva, embora dentro de determinados limites de conhecimento.

A questão que temos imediatamente à nossa frente não é a dos limites da experiência, mas a maneira de alcançá-la ou produzi-la. A experiência surge espontaneamente no ser social, mas não surge sem pensamento, sem crítica e reflexão ideológica de um campo social. Por isso, Gramsci (s/d) insiste que todos somos intelectuais a partir de nossos conhecimentos e experiências. Assim, homens e mulheres são racionais e refletem sobre o que acontece ao seu redor, no mundo, não meramente como senso comum ou bom senso, mas num processo crítico-construtivo.

Dessa forma, não podemos conceber o ser social independentemente de seus conceitos e expectativas organizadoras, nem poderia o ser social reproduzir-se por um único dia sem o pensamento. Ou seja, ocorrem mudanças cotidianas nesse ser que dão origem a uma prática de experiência modificada e diferenciada, sendo que essa experiência é determinante, exercendo pressões sobre a consciência social e propondo outras questões para o exercício daquilo que se convencionou chamar de trabalho intelectual mais elaborado. A experiência não deve ser tratada meramente como processo de alienação e sem ideologias, pois, ao que se supõe, constitui uma importante parte da matéria-prima oferecida aos processos do discurso científico. Então, não basta fazer grandes descobertas ou buscar originalidade, é preciso socializá-las para que, ao tomarmos contato com essa nova verdade, possamos incorporá-las e transformá-las, a partir de suas peculiaridades individuais e coletivas, de um ponto de vista de classe.

A construção humana pode criticar sua própria concepção de mundo, a fim de torná-la unitária e coerente para iniciar uma elaboração crítica e consciente. Pois,

> se é verdade que toda linguagem contém os elementos de uma concepção de mundo e de uma cultura, será igualmente verdade que, a partir da linguagem de cada um, é possível julgar da maior ou menor complexidade da sua concepção de mundo (Gramsci, 1989: 13).

A experiência, portanto, não chega obedientemente.

A experiência não espera, de maneira discreta, do lado de fora da porta dos gabinetes dos pesquisadores, o momento em que o discurso da demonstração científica convocará sua presença. A experiência entra sem bater à porta e anuncia mortes, crises de subsistência, guerras de trincheira, desemprego, inflação, genocídio. Pessoas estão famintas, e os sobreviventes também têm novos modos de pensar em relação ao mercado. Pessoas são presas e, na prisão, pensam de modo diverso sobre as leis e a quais tipos de pessoas elas se aplicam. Frente a esses e a outros exemplos da realidade do cotidiano, velhos sistemas conceituais podem desmoronar, e novas problemáticas podem insistir em impor sua presença (Thompson, 1981). Assim, penso que essas experiências do conhecimento façam parte do nosso cotidiano de pesquisa, promovendo o diálogo entre o ser social e a consciência social. Nesse sentido, Freire (1978) nos chama a atenção para a construção de uma consciência coletiva e a necessidade do diálogo como fundamental para se rever a ordem social injusta em que vivemos.

Dessa forma, chamo a atenção para o fato de essa pesquisa ser parte de minha prática social, de aproximadamente dez anos da minha vida de trabalhador, em diversas ONGs, no trabalho direto com crianças e adolescentes em situação de risco diretamente nas ruas ou em instituições fechadas ou centros de defesa.

Quero então alertar para o fato de que foi, portanto, minha história de vida que me levou ao engajamento político nos movimentos sociais[1], especificamente nas ONGs. Por outro lado, essas mesmas organizações aguçaram minha curiosidade em poder entendê-las e buscar, através de pesquisa, algumas respostas: estão a serviço da transformação da sociedade ou isso não passa de um romantismo envolvente que ajuda no mascaramento de sua verdadeira face? Por isso busco fazer leituras mais direcionadas, procurando a diferença entre o real e o que seria ideal, pois percebi que durante os anos de trabalho e militância nas ONGs algo estava mudando, e eu não consegui entender o que era.

Dessa maneira, meu objetivo ao pesquisar as ONGs é compreender sua relação com o Estado e com os movimentos sociais, tendo como preocupação metodológica um estudo de caso da Federação de Órgãos para Assistência Social e Educacional (FASE): analisar sua intervenção social com destaque à dimensão educativa e sua concepção.

Foi com essa preocupação que resgatou-se a história dessa organização (FASE), a partir dos anos 60-70, com sua intervenção a partir dos anos 80, com a redemocratização do país, e os anos 90, com a intervenção de organismos multilaterais, como o Banco Mundial, nas políticas sociais brasileiras, incluindo as mudanças decorrentes das relações destas com os movimentos sociais.?

Tendo como base essa preocupação, a pesquisa será orientada numa análise qualitativa da atuação histórica da FASE, procurando captar as prováveis mudanças por que passou e passa essa organização

---

[1] Movimentos sociais não têm um sentido genérico, mas de classe, de modo que, nesta pesquisa, o conceito de movimentos sociais refere-se aos movimentos sociais populares, cujos sujeitos coletivos são vinculados à classe que vive do trabalho (Antunes, 1999). Diferencia-se, assim, de movimentos sociais cujos sujeitos são proprietários dos meios de produção, tais como o movimento neoliberal (Ferraro & Ribeiro, 1999) ou, no Brasil, a União Democrática Ruralista (UDR), que possui significativa representação no Congresso Nacional.

e examinar as possíveis transformações experimentadas e as concepções que a sustentam, levando-se em consideração as mudanças políticas, econômicas e sociais por que passou a sociedade brasileira nas décadas de 1980 e 1990 do século XX. E assim procura-se analisar qual relação as ONGs estabelecem com o Banco Mundial enquanto um sujeito histórico que representa e defende os interesses do capital, atualmente na fase neoliberal associada ao padrão de acumulação flexível, assume um papel central na definição das políticas educativas. Assim, seu caráter determinante de definir tais políticas pode ser entendido na perspectiva ideológica como um grande ministério da educação dos países pobres, atendendo aos interesses dos países ricos. Dessa forma, o fortalecimento das ONGs pode ser lido a partir de um forçado refluxo dos movimentos sociais, o que anima a necessidade de uma análise mais fina entre Movimentos Sociais, ONGs e Educação.

O que se pode afirmar de imediato é que, no decorrer dos últimos anos, as ONGs vêm passando por profundas mudanças, seja do ponto de vista de suas relações com a sociedade e com os movimentos sociais, seja no tocante às mudanças que implementam em suas políticas, tendo em vista as transformações que ocorrem no mundo do trabalho e a feição neoliberal assumida pelo Estado. Tal evidência impõe a necessidade de buscar-se compreender sua forma de organização social.

No tocante à área de pesquisa de meu interesse, a educação, percebe-se a falta de um aprofundamento teórico sistemático, ou seja, a pesquisa educacional tem-se mostrado até certo ponto alheia ou impossibilitada de realizar uma análise sobre essas mudanças que estão ocorrendo nas ONGs, deixando uma lacuna que entendo seja preciso preencher, porquanto o desnudamento do papel dessas Organizações, na atualidade, amplia a compreensão sobre o processo formativo, que se realiza tanto nos sistemas educacionais formais quanto nos seus interstícios ou à margem desses sistemas.

Sujeito/objeto de pesquisa e indicações metodológicas

A FASE, para a qual estão dirigidos meus interesses de pesquisa, foi criada em 1961. Essa ONG desenvolve as mais diversas atividades de assistência social e de apoio e assessoria aos movimentos sociais, compreendendo que a construção de uma sociedade democrática no Brasil só pode ser resultado de um processo coletivo (...), por isso a FASE não abre mão de uma perspectiva crítica ao desenvolvimento imposto à sociedade brasileira (FASE, 1999).

O crescimento dessa organização faz aumentar a importância de sua compreensão, uma vez que ela é marcada por uma série de transformações desde o momento de seu surgimento, nos anos 1960, no período da ditadura militar; nos anos 1970, em sua retomada e consolidação; nos anos 1980, com a redemocratização do país; e nos anos 1990, quando a re-estruturação produtiva capitalista aponta o neoliberalismo como resposta do capital à crise de acumulação, determinando profundas mudanças políticas e socioculturais no mundo e no Brasil, em particular. O neoliberalismo opera na perspectiva do fim das políticas públicas sociais e aposta nas parcerias, principalmente com ONGs, que realizam a disputa pelos financiamentos provenientes de organismos multilaterais e pelos fundos públicos.

Nesse sentido, essa pesquisa procurar fazer uma análise qualitativa da atuação histórica da FASE, principalmente no campo educacional, compreendendo a educação no seu sentido amplo, ou seja, não institucional, não escolar, e sim socioeducativo, ou o que, na perspectiva de Paulo Freire, identificamos como educação popular.[2]

---

[2] Sobre a trajetória da educação popular no Brasil, em que se destaca o trabalho com alfabetização de adultos, que passou a ser conhecido com o nome de seu autor, ou seja, o "Método Paulo Freire", ver: PAIVA, Vanilda. *Educação Popular e Educação de Adultos*. 2ª ed. São Paulo: Loyola, 1983.

A FASE não limita sua intervenção ao processo educativo do ponto de vista da formalidade, mas estende-se a outros espaços, como órgãos públicos e legislativos, e realiza uma intervenção na mídia, sendo sua atuação caracterizada em nível local, regional, nacional e internacional (FASE, 1999).

No que concerne à educação, nossa área de pesquisa, percebe-se uma dicotomia nos processos educativos formais, em que são delineados e oferecidos tipos de educação diferenciados considerando as classes sociais a que se destinam. Porém, se o ser social não é algo inerte, é certo que a sua consciência social não é um recipiente passivo de conformações. Assim como o ser é pensado, também o pensamento é vivido; com isso as pessoas podem, dentro de limites, viver as expectativas sociais que lhes são impostas pelas categorias conceituais dominantes (Thompson, 1981).

Em decorrência, compreendo que o método, principalmente no campo das ciências humanas e sociais, não deve ser considerado como um laboratório de verificação experimental, e sim como capaz de oferecer evidências de causas necessárias, podendo ser encarado não como um pensamento que ordena, e sim como o que procura desordenar algo constituído socialmente. E mesmo quando mantém a ordem, isto é, a estrutura, o método já está a caminho de desfazê-la. Dessa forma, o objetivo imediato do conhecimento é compreender os "fatos" ou evidências, certamente dotados de existência real.

Tomando-se como referência essa concepção de conhecimento, é possível afirmar-se a necessidade de uma educação desinteressada,[3] ou seja, de uma escola que proponha uma formação integral, considerando a parte técnico-filosófico-política; uma escola unitária voltada aos interesses da classe trabalhadora. Creio que, a partir des-

---

[3] Sobre a concepção de "educação desinteressada" em Gramsci, s/d; ver também NOSELLA, Paolo. *A Escola de Gramsci*. Porto Alegre: Artes Médicas, 1992.

sa formação desinteressada, seja possível forjar uma nova forma de fazer pesquisa, que contribuirá para a elaboração e difusão de novas concepções do mundo, considerando a importância da passagem de uma concepção mecanicista para uma concepção práxica, em que se poderá obter uma compreensão mais aproximada da unidade entre teoria e prática e vice-versa.

Nesse sentido, a pesquisa, assim como a educação, deve ser encarada como um ato de libertação, afirmando a sua eficiência no trato com as camadas exploradas e oprimidas da sociedade, facilitando o aparecimento da solidariedade desinteressada, o desejo de buscar a verdade. Esse ensino, como diria Gramsci (1978), deve ser acima da média, para que se possa estimular o progresso intelectual, para que os proletários saiam da simples reprodução de palavras panfletárias e consolidem uma visão crítica do mundo onde se vive e se luta.

A análise da FASE que pretendo fazer pressupõe considerar o deslocamento de recursos, a partir do final dos anos 1980, dos países do Norte, em políticas de "assistência" e solidariedade aos países do Sul, em especial ao Brasil, e a diminuição de recursos nos anos 1990, culminando na re-estruturação dos países do bloco chamado Leste Europeu (URSS)[4] e no momento de mudanças internas após as eleições presidenciais do ano de 1989, em nosso país. Por um lado, é a partir desse momento que começam a delinear-se novas perspectivas para as ONGs, que passam a ter um financiamento externo cada vez menor, o que as leva a buscar recursos internos, através de parcerias com o Estado. Por outro lado, é preciso compreender que esse redimensionamento é também determinado pela crise do modelo taylorista/fordista de acumulação e, associado a essa crise, pela

---

[4] A desestruturação do Leste Europeu começa com a queda do Muro de Berlim (1989) e completa-se com a dissolução da União das Repúblicas Socialistas Soviéticas (URSS), em 1991.

posição hegemônica que assumem as forças que representam o neoliberalismo (Ferraro, 1999). A partir desse momento, as ONGs passam por consistentes mudanças conceituais nos seus eixos de intervenção, o que parece influenciar diretamente o estabelecimento de prioridades, as metas traçadas e os posicionamentos político, ideológico, social e cultural que historicamente assumiram, ou assumem, perante a sociedade. Dessa forma, o objetivo aqui é analisar essas mudanças, considerando as décadas de 1980 e 1990 do século XX. Para isso, faz-se necessário iluminar a compreensão do que sejam as ONGs, delimitando-as, diferenciando-as e, ao mesmo tempo, aproximando-as do que, por sua vez, seja sua (re)configuração considerando as mudanças sociais.

Dessa maneira, para alcançar meu objetivo, analisarei a FASE como uma ONG paradigmática. Por isso, entendo ser de suma importância um processo investigativo qualitativo que compreenda as formas de atuação, a partir da (re)definição e execução de ações dos movimentos sociais das ONGs e do Terceiro Setor,[5] percebendo suas propostas, concepções e perspectivas educacionais, bem como as influências e relações com as diretrizes das agências multilaterais, como o Banco Mundial. Isso implica a definição de novas bases conceituais e de articulação com os processos sociais, que são complexos e conflituosos, porque fundados sobre relações sociais de antagonismo e de diferença.[6] A atuação mais recente das ONGs parece apontar para novas perspectivas que lhes vêm sendo apontadas na disputa das classes sociais por hegemonia, a partir de conceitos previamente estabelecidos nos movimentos sociais ou, mais recentemente, pelo Banco Mundial.

---

[5] Ver, sobre a definição de Terceiro Setor, Rifkin, 1995, cap. 17, p. 272-296; Fernandes, 1994.
[6] Penso que o conflito de classes, ou entre capital e trabalho, é a base dos demais, porém, por si só, não explica os conflitos de gênero, raça e etnia. Entretanto, não vou aprofundar esta discussão porque fugiria de meus objetivos de pesquisa.

Por isso, nessa pesquisa pretendo situar a questão das ONGs num rigor específico de conhecimento, procurando proporcionar maior abrangência sobre o sujeito/objeto a ser pesquisado e maior familiaridade com a literatura produzida acerca do assunto e da problemática em questão. Estamos presenciando um projeto muito bem definido de "intervenção", denominado pelo governo de "parcerias",[7] a fim de estabelecer um novo parâmetro no trabalho a ser definido no campo educacional. Porém, é preciso ressaltar que a produção acadêmica sobre este assunto ainda é muito incipiente.[8] Isso quer dizer que a produção teórica a respeito desse assunto é escassa, situação no mínimo surpreendente em face da relevância dada às políticas educacionais alternativas que vêm sendo desenvolvidas pelas ONGs.

A escolha da abordagem metodológica, de natureza qualitativa, recai, portanto, no estudo de caso. Teve como base, além de uma análise de conteúdo das entrevistas com dirigentes da FASE e de documentos oficiais, a literatura disponível na área das ciências humanas por meio de teses, dissertações, artigos e textos oficiais de órgãos financiadores, como o Fundo das Nações Unidas para a Infância (UNICEF) e o Banco Mundial, bem como de organizações que se propõem, de certa forma, a assessorar as ONGs. Buscou, também, materiais escritos e/ou entrevistas que auxiliaram na construção histórica do processo de criação das ONGs, como seus estatutos, regimentos e demais fontes pertinentes a sua gênese e consolidação.

---

[7] A política de "parcerias" tem representado, para os trabalhadores, flexibilização de suas garantias de trabalho, desemprego e mesmo uma precarização cada vez mais aguda das relações de trabalho. No campo da educação, principalmente no que concerne às escolas técnicas federais e às universidades, no Brasil, as "parcerias público-privado" têm significado uma via legal para a privatização dessas instituições. Laval (2004) analisa essa questão na França.
[8] Essa afirmativa faz-se necessária na medida em que todos os esforços de revisão sobre o tema não foram bem sucedidos devido à falta de produção acadêmica considerando essa temática.

Concomitantemente, haverá um momento mais analítico e interpretativo, que procurará valorizar a investigação oferecendo as perspectivas possíveis para se alcançarem a liberdade e a espontaneidade necessárias, enriquecendo a investigação e partindo de questionamentos básicos, apoiados no problema e nos objetivos que interessam à pesquisa. De posse desses elementos penso que terei um amplo campo de interrogativas, frutos de novas perguntas que vão surgindo à medida que as respostas vão ou não se confirmando (Triviños, 1987).

Procuro, então, como forma de propiciar uma boa discussão a esse respeito, utilizar critérios que facilitem uma breve abordagem histórica do processo de criação das ONGs no Brasil, centrando o estudo no período de consolidação dessas organizações a partir dos anos 80, nos trabalhos educacionais alternativos desenvolvidos e a metamorfose sofrida nos anos 1990, a partir da re-estruturação do capitalismo e da intervenção de organismos multilaterais como o Banco Mundial.

Em síntese, a pesquisa procurará apresentar proposições teóricas acerca do tema, no sentido de compreender cada vez mais a problemática e ampliar os horizontes teóricos, a fim de contribuir com o debate educacional para compreender se as ONGs vêm ou não mediando os conflitos sociais a partir das parcerias e do uso de recursos do Banco Mundial. A análise poderá desvelar se a partir do uso desses recursos está havendo algum tipo de disciplina de controle sobre os movimentos sociais ou se estes interferem nas políticas sociais implementadas pelas ONGs, aclarando a relação contraditória que se estabelece entre o Estado e as ONGs, através de parcerias com essas Organizações no âmbito das políticas públicas para a educação das classes populares.

No estudo da metodologia e nas demais áreas de conhecimento, como é o caso da educação, os mecanismos de poder são exercidos das mais diversas maneiras, principalmente pela marginalização da experiência social, afirmando-se assim a hegemonia de uma minoria detentora do conhecimento. Por isso, é importante vislumbrar uma relação entre o pesquisador e a pesquisa, o método e sua validade, na medida em que se pensa em uma estrutura social que tenha as práticas sociais como eixo central.

É partindo da análise desse tipo de relação social que informa a metodologia que o conhecimento é interpretado enquanto um instrumento de poder. Pois, na verdade, esse princípio pedagógico encontra na educação nada mais do que o próprio princípio de alienação do homem, o que provoca a necessidade de elaborar-se um conhecimento em que essas contradições devam estar bem explicitadas, a partir da consciência de cada homem e de cada mulher que conhece, que admira, na medida em que desenvolve o saber. Esse saber não se constrói isoladamente, mas dialeticamente, pelas possibilidades oferecidas pelos outros e no contato com as reflexões de um conhecimento e experiência sociais.

Sendo assim, é preciso que se repense o espaço educativo, pois "o ambiente não-educado e rústico dominou o educador, o vulgar senso comum se impôs à ciência e não vice-versa; se o ambiente é o educador, ele deve ser por sua vez o educado" (Gramsci,1989: 132). Marx e Engels já pensavam da mesma forma, quando, na 3ª tese sobre Feuerbach, afirmavam que

> a doutrina materialista da transformação das circunstâncias e da educação esquece que as circunstâncias têm de ser transformadas pelos homens e que o próprio educador tem de ser educado (1993:108).

Devemos considerar que as lutas contra velhas práticas metodológicas na educação não são algo tão simples como possa parecer, exatamente por se tratar de pessoas humanas e de toda uma complexidade social.

Há todo um discurso sobre a escola como instrumento de correção das desigualdades sociais ou como um canal que permite a conquista da cidadania oculta, como denuncia Gramsci, as condições desiguais em que crianças e adolescentes frequentam a escola pública e os projetos sociais de classe implícitos na educação.

> A multiplicação de tipos de escola profissional, portanto, tende a eternizar as diferenças tradicionais; mas, dado que ela tende, nestas diferenças, a criar estratificações internas, faz nascer a impressão de possuir uma tendência democrática. (...) Mas a tendência democrática, intrinsecamente, não pode consistir em que apenas um operário manual se torne qualificado, mas em que cada 'cidadão' possa se tornar 'governante' e que a sociedade o coloque, ainda que 'abstratamente', nas condições gerais de fazê-lo: a democracia política tende a fazer coincidir governantes e governados (no sentido de governo com o consentimento dos governados) assegurando a cada governado a aprendizagem gratuita das capacidades e da preparação técnica geral necessária ao fim de governar. Mas o tipo de escola que se desenvolve como escola para o povo não tende mais nem sequer a conservar a ilusão, já que ela cada vez mais se organiza de modo a restringir a base da camada governante tecnicamente preparada, num ambiente social político que restringe ainda mais a "iniciativa privada" no sentido de fornecer esta capacidade de preparação técnico-política de modo que, na realidade, retorna-se às divisões em ordens "juridicamente" fixadas e cristalizadas ao invés de superar as divisões em grupo: a multiplicação das escolas profissionais cada vez mais especializadas desde o início da carreira escolar, é uma das mais evidentes manifestações desta tendência (Gramsci, 1989: 122).

Assim, a metodologia científica, incluindo a que se debruça sobre o campo da educação, é muito mais do que regras pré-determinadas e definidas de como se deve fazer uma pesquisa. Ela auxilia a refletir e propiciar um olhar diferenciado, tendo como referência o objeto da pesquisa; permite que esse olhar seja curioso, criativo, crítico, científico, ou seja, é preciso partir desses pressupostos para pensar efetivamente no estudo a ser realizado com maturidade metodológica, sem que a pesquisa fique reduzida ou subordinada exclusivamente ao método. Como fala Goldenberg (1999), nenhuma pesquisa pode ser controlada de tal forma que seus resultados estejam previamente definidos; a pesquisa em processo é sempre impossível de ser delimitada.

Por isso, a investigação como processo, como sucessão de acontecimentos ou desordem do ordenado, acarreta noções de causa, de contradição, de mediação e da organização da vida social, política, econômica e intelectual, e as concepções vão sendo refinadas por meio dos procedimentos de teorias opressoras dentro de um determinado pensamento. Por essa razão, não aceito a verdade de que a teoria pertença apenas à esfera da teoria. Toda noção ou conceito surge de engajamentos empíricos e, por mais abstratos que sejam os procedimentos de sua autointerrogação, esta deve ser remetida a um compromisso com as propriedades determinadas da evidência e defender seus argumentos.

O pesquisador, às voltas com seus problemas de pesquisa, depara-se com muitas opções metodológicas, porém a presença da contradição é constante no processo dialético, o que pode representar dificuldades para fazer escolhas. Cabe, então, ao pesquisador, delimitar com maturidade os caminhos a serem percorridos nos diferentes momentos da pesquisa, para que seja o mais rigoroso possível, considerando a metodologia escolhida. Sendo assim, a pesquisa qualitativa, tal como a estou propondo, não terá a preocupação com a quantidade,[9] e sim com a qualidade da análise a ser feita, dentro dos objetivos determinados, a partir do grupo social que está sendo pesquisado.

---

[9] Não é meu objetivo aqui subdimensionar a importância da abordagem quantitativa, adequada a determinados objetos de pesquisa e podendo, em certos casos, oferecer grande contribuição à pesquisa qualitativa. O que quero é afirmar a opção metodológica pela abordagem qualitativa e justificar sua adequação aos objetivos da pesquisa.

O método, então, pode ser considerado um esforço para atingir um objetivo determinado pela pesquisa, um caminho pelo qual deve-se chegar a um determinado resultado. Pode-se dizer que o método é algo que indica uma sequência a ser seguida de forma ordenada e organizada, mesmo que os caminhos se adaptem de maneiras diferenciadas durante o percurso da pesquisa. Coloca-se o método como uma investigação planejada para se chegar a um lugar, a um determinado tipo de conhecimento, como explicita Thompson (1981).

A teoria marxista continua onde sempre esteve, no sujeito humano real, em todas as suas manifestações (passadas e presentes); no entanto, não pode ser conhecido num golpe de vista teórico (como se a teoria pudesse engolir a realidade de uma só bocada), mas apenas através de disciplinas separadas, informadas por conceitos unitários. Essas disciplinas ou práticas se encontram em suas fronteiras, trocam conceitos, discutem, corrigem-se mutuamente.

O método, então, assinala um percurso a partir de técnicas que lhe auxiliam, porém é importante alertar que nem sempre, quando se está desenvolvendo uma pesquisa, o pesquisador tem as direções completamente definidas. Nem por isso deve abandonar a metodologia ou mesmo as técnicas de pesquisa (Ludke e André, 1986).

O materialismo histórico-dialético emprega conceitos de igual generalidade e elasticidade – "exploração", "hegemonia", "luta de classes" – mais como expectativas do que como regras. E até categorias que parecem oferecer menor elasticidade, como "feudalismo", "capitalismo", "burguesia", surgem na prática histórica não como tipos ideais realizados na evolução histórica, mas como famílias inteiras de casos especiais, famílias que incluem órfãos adotados e filhos da miscigenação tipológica.

Como disse Thompson (1981), a desgraça nossa, enquanto marxistas, é que alguns de nossos conceitos são moeda corrente num universo intelectual mais amplo, ou seja, são adotados em outras disciplinas que lhes impõem sua própria lógica e os reduzem a categorias estáticas.

Penso que o conhecimento não deva ficar simplesmente aprisionado no passado, ainda que não possa prescindir deste. O passado nos ajuda a conhecer quem somos, por que estamos aqui, que possibilidades humanas se manifestaram, e tudo quanto podemos saber sobre a lógica e as formas de processo social. Uma parte desse conhecimento pode ser teorizada, menos como regra do que como expectativa. Daí a importância de entender a história como processo em construção, ou seja, a história pensada como desordem racional, e não como ordem de uma estrutura social; por isso, pode e deve haver intercâmbio com outros conhecimentos e teorias, sem dizer com isso que tudo é possível. Uma vigilância epistemológica, conforme indicam (Bachelard, 1974 e Bourdieu, Chamboredon, Passeron, 1999), permite o diálogo do materialismo histórico-dialético com conceitos de diferentes filiações ideológicas, desde que dentro de limites e objetivos previamente definidos.

Aquelas proposições do materialismo histórico que influem sobre a relação entre ser social e consciência social, sobre as relações de produção e suas determinações, sobre modos de exploração, luta de classes, ideologia, ou sobre formações sociais e econômicas capitalistas, são derivadas da observação do suceder histórico no tempo.

Há dificuldades bem conhecidas, tanto na explicação do processo metodológico como na verificação de qualquer explicação, pois nunca podemos retomar esses laboratórios, impor nossas próprias condições e repetir novamente o experimento. Isso porque os resultados, com o tempo, poderão mostrar como essas relações foram vividas, sofridas e resolvidas; assim esse resultado lançará, por sua vez, luz sobre as maneiras pelas quais os elementos se relacionavam anteriormente e sobre a força de suas contradições. Trata-se do humano, objeto que é, ao mesmo tempo, sujeito que incide e modifica este objeto, porque é vivo, porque é histórico, porque produz ciência sobre si mesmo.

Por isso, o laboratório não deixa de ser necessário, uma vez que o processo, o ato de acontecer, está presente em cada momento da evidência, testando cada hipótese por uma consequência, proporcionando resultados para cada experiência humana já realizada. A explicação não pode tratar de absolutos e não pode apresentar causas suficientes, o que irrita muito algumas almas simples, que aguardam impacientes o pacote fechado das explicações acabadas.

É com base nessa compreensão metodológica e conjugando teoria e prática que tomarei como princípio da pesquisa o estudo de caso, para a compreensão da FASE. Penso que o estudo de caso se apresenta dentro de uma perspectiva eminentemente particular, na medida da necessidade de uma pesquisa que envolva questões específicas, situadas em um tempo e um espaço determinado. Ou seja, tem a facilidade de se adequar a questões atuais da prática educativa cotidiana, propiciando o aprofundamento no contexto a ser pesquisado. Assim sendo, ajudará na investigação de fenômenos contemporâneos em sua totalidade e profundidade, propiciando a busca de alternativas que favoreçam a descoberta de situações que possam parecer-nos inicialmente complexas. Isso pode ser bastante positivo na pesquisa que será desenvolvida na FASE, possibilitando a ampliação do conhecimento em seus aspectos educativos.

A pesquisa é motivada por uma metodologia que garante pensar a educação para além das salas de aula, ou seja, no seio dos movimentos sociais, e certamente o estudo de caso é uma boa alternativa nessa direção. Assim, o foco dessa pesquisa tem como eixo fundamental toda uma conjuntura que envolveu e envolve a FASE. No sentido de ampliar a compreensão do instrumental metodológico, incluo técnicas que foram utilizadas:

a) caderno de campo em que anotei observações feitas durante as visitas às dependências da organização e durante as entrevistas;

b) entrevistas com alguns diretores da FASE;

c) análise de documentos (relatórios, convênios, projetos), de alguns números da Revista *Proposta*, que divulga o trabalho e as concepções da FASE;

d) análise de outras publicações.

Isso permitiu construir instrumentos de análise da experiência da FASE.

O estudo de caso é uma investigação sistemática, um tipo de estudo que tem um valor próprio na pesquisa definida; é uma forma particular de estudo, apresentando-nos inúmeras maneiras viáveis de se desenvolver a pesquisa, através das quais se pode entrevistar, observar, analisar documentos de arquivos etc. (André, 1983). Desse modo, o estudo de caso, tal como pretendo desenvolver, tem como preocupação desvendar uma realidade – a da FASE –; tem um objetivo num determinado processo de investigação, por isso é preciso estar atento constantemente para as novidades que possam aparecer, garantindo o que se pode chamar de análise das interpretações a partir do contexto em que a ONG está situada e, ao mesmo tempo, em que a pesquisa está sendo executada.

O estudo de caso procura apresentar, em algumas pesquisas, as diferenças, os conflitos a partir de uma determinada situação social, podendo combinar diferentes formas de proceder uma pesquisa qualitativa. A pesquisa pode descrever as diferentes práticas e experiências que estão sendo vividas no decorrer do estudo, de modo a facilitar uma certa generalização em alguns momentos, a partir de pontos em que o estudo permita tal análise; procura retratar a realidade complexa, de forma completa e profunda, focalizando o objeto a ser estudado na sua totalidade, sem deixar de enfatizar os importantes detalhes que fazem parte desse todo complexo (Oliveira, 1998).

A denominação "estudo de caso" refere-se a uma realidade singular, mas pode oferecer elementos para a interpretação de realidades semelhantes, a partir de uma leitura coletiva, na medida em que outras organizações, escolas, instituições sociais ofereçam um espaço de análise parecido no tocante à sua estrutura, resguardadas as suas peculiaridades. É o caso de outras ONGs que, como a FASE, desenvolvem trabalho sistemático de educação popular.

Acredito que esse é o método que melhor pode contribuir com esta pesquisa por oferecer amplas possibilidades de aprofundamento, visto que não se trata aqui de um estudo comparativo, o que deixa o pesquisador bastante à vontade nas suas análises e conclusões sem deixar de ser fiel e ético quanto à sua pesquisa. Assim, se um pesquisador se dedica a um determinado caso deve ser pela facilidade que pode ter em entender a situação ou um fenômeno complexo, que ocorre num determinado tempo, espaço e conjuntura social. Para sair da superficialidade da pesquisa é importante que o pesquisador considere, no momento da pesquisa, não todas as organizações existentes, que possam corresponder de alguma forma aos seus objetivos, e sim as manifestações particulares considerando a sua pesquisa e o local a ser pesquisado.

Como forma de finalizar essa parte referente à metodologia, acredito ser interessante ressaltar que, no pensamento gramsciano, os aspectos teóricos não são trabalhados isoladamente, mas articulados de forma intrínseca, numa relação de mútua determinação, sendo impossível estabelecer o determinante e o determinado; são partes de um "todo" orgânico. Ao discutir o processo educacional, por exemplo, são utilizados todos os conceitos formulados, seja de cultura, de homem, educação etc. E, em se tratando do ser humano, este será visto como um conjunto de relações sociais dos mais diversos níveis.

O homem conhece objetivamente na medida em que o conhecimento é real para todo gênero humano, historicamente unificado em um sistema educacional unitário, mas este processo de unificação histórica ocorre com o desaparecimento, contradições internas de que dilaceram a sociedade humana, contradições que são condições da formação dos grupos e do nascimento da ideologia não universal-concretas, mas que envelhecem imediatamente, graças à origem de prática da sua substância. Trata-se, portanto, de uma luta pela objetividade (para libertar-se das ideologias parciais e falazes) e esta luta é própria pela luta unificação cultural do gênero humano, o que os idealistas chamam de "espírito" não é um ponto de prática, mas na chegada: o conjunto das superestruturas em devenir para a unificação concreta e objetivamente universal, e não mais um pressuposto unitário etc. (...) conhecemos a realidade apenas em relação ao homem, e como o homem é um devenir histórico, também o conhecimento e a realidade são um devenir, também a objetividade é um devenir etc. (Gramsci, 1981: 170).

Com isso, o que se pretende é trabalhar com práticas de pesquisa que considerem o ser humano na sua totalidade, apontando um tipo de conhecimento que esteja em consonância com uma compreensão cada vez mais detalhada da sociedade em que vivemos, tendo como preocupação uma formação ampla, "desinteressada", *omnilateral*, sem vínculo imediato com o mercado de trabalho.

Diante dessa compreensão é que desenvolvo uma pesquisa orgânica para investigar a atuação da FASE, que trabalha com políticas educacionais – mais especificamente, com educação popular. Chamo atenção para o fato de que educação popular é o nome genérico para experiências pedagógicas realizadas, no mais das vezes, fora dos sistemas regulares de ensino, envolvendo crianças, adolescentes e adultos em situações de aprendizagem de conteúdos, habilidades ou trabalhos.[10] Isso porque acredito ser preciso compreender a disputa

---

[10] Ver: Freire, Paiva e Brandão, entre outros.

de projetos sociais, disputa essa cada vez mais complexa, devido à neoliberalização do Estado e de suas relações com a sociedade civil. Iniciada ainda no fim de século passado, essa disputa fica cada vez mais evidente com o surgimento de novos sujeitos sociais na arena política, entre os quais as ONGs.

A escolha da FASE não é um acaso, pois há aproximadamente 40 anos ela vem se consolidando em diversas linhas de intervenção, sejam referentes ao meio ambiente, à agricultura familiar ou até mesmo a cursos de formação e capacitação de educadores populares. Seus parceiros são os mais diversos e significantes, tanto nacionais – Ação Educativa, Instituto Brasileiro de Análises Sociais e Econômicas (IBASE), Prefeitura Municipal de Belém etc. – quanto internacionais – Fundação Ford, Comunidade Europeia, Anistia Internacional, Bank Information Center, Breton Woods Project etc. –, além de organismos multilaterais, como Organização Internacional do Trabalho (OIT), Organização das Nações Unidas para a Educação, Ciência e Cultura (UNESCO), Organização Mundial do Comércio (OMC). Também inclui organizações de estudos e pesquisas, como Instituto Brasileiro de Geografia e Estatística (IBGE), Instituto de Pesquisa Econômica Aplicada (IPEA), Universidade Federal do Pará (UFPA) etc.; organizações empresariais como Fundação Ayrton Senna, Fundação Abrinc, Fundação Educar D. Paschoal etc. A FASE, por sua história e articulação com organismos e instituições nacionais e internacionais que financiam seus projetos, parece-me uma ONG paradigmática, servindo, portanto, de referência para a compreensão da atuação pedagógica das ONGs no Brasil.

É importante considerar que, no processo de consolidação desse enfoque, os organismos multilaterais, entre os quais o Banco Mundial, vêm propondo que as ONGs, como pode ser o caso da FASE, substituam o Estado em suas políticas educacionais. É preciso, também, observar, dentro desse processo, se essas políticas educacionais apresentadas pelo Banco Mundial são definitivas, no sentido de que devem ser implementadas, ou se são apresentadas como diretrizes dentro de parâmetros a ser adotados.

Dessa forma, abre-se a possibilidade de submeter individualmente o entrevistado a várias entrevistas, no intuito de obter o máximo de informações possíveis nos diversos momentos. Porém, é preciso ressaltar que a entrevista deve ser transcrita pelo pesquisador logo em seguida, anexando-se observações anotadas no caderno de campo, a fim de facilitar a transcrição e fidelidade dos fatos. Com isso, a entrevista deve ser feita com pessoas envolvidas com a FASE, de preferência técnicos e/ou educadores que tenham mais tempo na organização, deixando o entrevistado com certo grau de liberdade, mas trazendo-o para o problema sempre que se perceber divagação para rumos opostos às questões apresentadas. Para não correr esse risco, é importante ter como suporte um roteiro básico de perguntas, que posteriormente serão analisadas a partir das categorias básicas, como conceito de Estado e de ONG, análise das políticas educacionais estabelecidas etc. Será, portanto, uma entrevista semiestruturada, na qual, ao mesmo tempo em que o entrevistado tem liberdade para dar as informações, estas estarão orientadas por um roteiro previamente estabelecido. Será utilizada, ainda, a análise de conteúdo como elemento facilitador no entendimento de categorias implícitas do discurso (Triviños, 1987).

O contato com os textos e materiais e sua detida observação serão de relevante importância para a percepção de sua história e para formulação de um roteiro básico, visando escutar os representantes da ONG a ser pesquisada. Contribuirá, ainda, para problematizar suas afirmações, seus conceitos, suas categorias e seu referencial teórico, bem como para esclarecer os motivos que levaram à criação da ONG, sua concepção política, seus objetivos na origem e atuais, seus desdobramentos, mudanças de orientação conceitual e metodológica e perspectivas para a continuidade do trabalho.

O momento seguinte de finalização deverá coadunar as compressões advindas do levantamento teórico e da análise das entrevistas semiestruturadas, bem como traçar um perfil das ONGs, a fim de perceber quais as perspectivas diante das mudanças políticas pelas quais passa o Brasil, no contexto do financiamento educacional pelo Banco Mundial.

Desse modo, com a grandeza e importância da FASE devido a sua dimensão nacional e internacional e à multiplicidade de projetos que desenvolve na área da educação popular, aumenta a responsabilidade da pesquisa.

A primeira conversa com um dirigente da FASE foi bem positiva e animadora, visto que percebi a existência de uma abertura para a pesquisa e uma demanda de organização da sua história e trajetória. Por outro lado, é preciso considerar que a FASE é uma organização presente em várias regiões do país: Norte, Nordeste e Sudeste, e a pesquisa ficará concentrada na sede central, no Rio de Janeiro.

Segundo seus coordenadores, a FASE "se consolidou como uma verdadeira escola de cidadania e educação, vinculada aos movimentos sociais" (FASE: 1999), o que, além de reforçar sua importância, demonstra sua tradição, através de seus coordenadores, que têm uma longa história junto aos diversos movimentos sociais e na formação educativa de suas lideranças. Por essa razão, tais lideranças foram entrevistadas a partir de uma técnica de pesquisa semiestruturada, como mencionei acima, devendo ser analisados, também, os documentos referentes à história da FASE. Terei, ainda, como referência, a Revista *Proposta* – da qual pretendo escolher alguns números, dentro do período a ser pesquisado (anos de 1980 e 1990), para análise dos editoriais e de matérias que venham ao encontro dos objetivos propostos para a pesquisa – e outras publicações.

Vale lembrar que a FASE, enquanto uma ONG militante, contribuiu significativamente para a organização de vários movimentos sociais, dentre eles, alguns ligados aos agricultores familiares, nos anos de 1970 e 1980. Ela foi pioneira na organização de movimentos populares urbanos e do campo, desempenhando importante papel no processo de criação da Central Única dos Trabalhadores (CUT) e do Partido dos Trabalhadores (PT).

É tomando como referência essa importante contribuição social que a FASE será investigada sob a ótica de um estudo de caso que possa desnudar suas iniciativas inovadoras, seja com os setores mais miseráveis (carvoeiros no Espírito Santo, trabalhadores urbanos e rurais analfabetos e desempregados na zona cacaueira da Bahia), seja com jovens em situação de risco na Baixada Fluminense.

Assim, "criada em novembro do ano de 1961 e tendo sempre buscado combinar atividades de assistência social imediata aos excluídos com a crítica radical dos modelos de desenvolvimento geradores de pobreza e desigualdade, a FASE terminou por cristalizar um modelo de financiamento que oferecia à sociedade brasileira" (FASE: 1999: 05), através dos mais diversos programas e propostas de inclusão social, como é o caso do Programa *Mais Uma Criança na Escola*, e de preservação do meio ambiente.

É certo que esses projetos e propostas têm uma relevância significativa para entendermos a FASE enquanto uma ONG, suas articulações com os movimentos sociais e seu vínculo com o financiamento de agências multilaterais, internacionais e nacionais. Daí a razão pela qual a tomei como caso privilegiado para a minha pesquisa.

2

ESTADO E MOVIMENTOS SOCIAIS

Há diversas concepções de Estado, porém eu me limitarei a fazer uma discussão que não extrapole a necessidade histórica de entender o que se materializa a partir dos anos 1970 como neoliberalismo, a mais recente investida contra o Estado do Bem-estar social, por meio das forças que representam o capital, para consolidar sua hegemonia. Buscarei ampliar a discussão no sentido de entender as tramas tecidas dentro da configuração que assume o Estado neoliberal e os desdobramentos nas suas relações com os movimentos sociais.[11] Não é minha intenção rever as teorias do Estado nem dos movimentos sociais, e sim fazer uma breve discussão que propicie a compreensão das lutas sociais, travadas

---

[11] Movimentos Sociais referem-se àqueles movimentos que têm por sujeito coletivo a classe que vende sua força de trabalho para sobreviver, o que os diferencia de movimentos identificados como sociais do ponto de vista da classe detentora dos meios de produção. Sobre o assunto, ver Ferraro e Ribeiro (1999, p. 10).

[12] O entendimento de burguesia sustenta-se na obra de Marx & Engels, *Manifesto do Partido Comunista* (s/d), a saber: classe dos capitalistas modernos, proprietários dos meios de produção social que empregam o trabalho assalariado. Sobre o entendimento de classe sociais fundamentais no capitalismo, pode-se consultar também a obra de Lukács (1974).

na disputa entre a burguesia[12] e o proletariado[13], para que possa situar a FASE, meu objeto/sujeito de estudo, no interior das transformações que ocorrem no Estado e nos movimentos sociais nas décadas de 1980 e 1990. Procuro construir um cenário que permita explicar a teia de relações entre o Estado e os movimentos sociais na disputa por hegemonia, a qual, no pensamento de Gramsci, é assim entendida:

> A consciência de fazer parte de uma determinada força hegemônica (isto é, a consciência política) é a primeira fase de uma ulterior e progressiva autoconsciência, na qual teoria e prática finalmente se unificam. (...) O desenvolvimento político do conceito de hegemonia representa – além do progresso político-prático – um grande progresso filosófico, já que implica e supõe necessariamente uma unidade intelectual e uma ética adequadas a uma concepção do real que superou o senso comum e tornou-se crítica, mesmo que dentro de limites ainda restritos (Gramsci, 1981: 21).

É preciso ressaltar que a concepção gramsciana de hegemonia não é fechada: às vezes refere-se à direção e dominação de classe, e outras vezes refere-se à capacidade dirigente do proletariado, mantendo, no entanto, a unidade teoria e prática,[14] sem a qual "a hegemonia é impossível, porque ela só se dá com plena consciência teórica e cultural da própria ação" (Gruppi, 1978: 11).

---

[13] As mais recentes discussões a respeito da disputa entre capital e trabalho nos têm apresentado uma variedade interessante de definições, a fim de estabelecer um conceito para os trabalhadores assalariados que acompanhe melhor as relações sofridas em nossos tempos, porém, por compreender que o conceito do Manifesto Comunista é extremamente atual – visto que designa o conjunto de trabalhadores que vendem sua força de trabalho –, é que recupero tal conceito, a saber: classe dos assalariados modernos que, não tendo meios próprios de produção, são obrigados a vender sua força de trabalho para sobreviver. Estão incluídos nessa condição os possuidores de força de trabalho que não encontram capitalistas, proprietários de meios de produção para os quais vendê-la, ou seja, os desempregados (Antunes, 1999).
[14] Sobre hegemonia, ver também Gramsci (1989 e 2001).

Para Thompson (1984), hegemonia não quer dizer dominação por uma classe e submissão por outra. Ao contrário, ela incorpora a luta de classes e traz a marca das classes subordinadas, sua atividade e sua resistência. A teoria de classe operária deste autor, com ênfase no processo de formação de classe, pretende permitir o reconhecimento de formas "imperfeitas" ou "parciais" de consciência popular como expressões autênticas de classe e de luta de classes, válidas nas suas circunstâncias históricas ainda que "erradas" da perspectiva de desenvolvimentos posteriores ou ideais.

> Las clases son formaciones históricas y no aparecen sólo en los modos prescritos como teóricamente adecuados. El hecho de que en otros lugares y períodos podamos observar formaciones de clase "maduras" (es decir, conscientes y históricamente desarrolladas) con sus expresiones ideológicas e institucionales, no significa que lo que se exprese de modo menos decisivo no sea clase (Thompson, 1984: 39).

Assim, a breve discussão a seguir procurará entender as metamorfoses por que vem passando o Estado e suas formas de relacionamento com os movimentos sociais a partir da permanente disputa pela hegemonia, bem como perceber como se caracterizam as ONGs no contexto da relação contraditória entre público e privado.

Metamorfoses do Estado liberal

> Os socialistas estão aqui para lembrar ao mundo que em primeiro lugar devem vir as pessoas e não a produção. As pessoas não podem ser sacrificadas. Nem tipos especiais de pessoas (...), especialmente aquelas que são apenas pessoas comuns (...) é delas que trata o socialismo, são elas que o socialismo defende. O futuro do socialismo assenta-se no fato de que continua tão necessário quanto antes, embora os argumentos a seu favor já não sejam os mesmos em muitos aspectos. A sua defesa assenta-se no fato de que o capitalismo ainda cria condições e problemas que não consegue resolver e que

gera tanto a desigualdade (que pode ser atenuada através de reformas moderadas) como a desumanidade (que não pode ser atenuada). (Hobsbawm, 1993: 268/269).

O Estado, na acepção marxista, não representa o interesse da sociedade em geral, mas é o defensor dos interesses da classe que detém a propriedade privada dos meios de produção e de subsistência, sendo, por isso, a mais poderosa. Para isso, essa classe forja meios de dominação e exploração da outra, a classe que vende sua força de trabalho, visando criar condições favoráveis à reprodução e expansão do capital. Assim, a história do capitalismo se confunde com a história da "re-estruturação produtiva", ou seja, é a resposta, do ponto de vista do capital, às suas crises – é o processo de rearticulação da unidade do governo das massas e do governo da economia. Dessa forma, o Estado fica reduzido à propriedade privada da classe dominante, o que me anima a dizer que o Estado constitui-se numa ditadura de classe, embora considerando, na perspectiva da contraditoriedade e do antagonismo das relações de classe, a presença das camadas subalternas no seu interior e, portanto, a luta de classes.[15]

Em análises marxistas atuais o Estado é concebido na lógica de valorização do capital, sendo focalizado sob dois ângulos: genético ou de suas origens na luta de classes e funcional no que se refere ao desempenho de uma função no processo de valorização do capital. Nesse processo, o Estado desempenha quatro funções:

1) de gerar as condições materiais de produção (infraestrutura, qualificação da força de trabalho...);
2) de elaborar e garantir leis que regulem as relações jurídicas entre os diferentes sujeitos sociais;

---

[15] Sobre o Estado e as classes sociais, consultar Poulantzas (1981).

3) de arbitrar conflitos entre o capital e o trabalho assalariado;
4) de assegurar a expansão do capital no mercado mundial (Bobbio, Matteucci, Pasquino, 1995).

De acordo com Buci-Glucksmann (1980), no pensamento de Gramsci há uma distinção no conceito de Estado: um no sentido estrito, unilateral, e o outro em sentido amplo, dito integral. No sentido estrito, o Estado se identifica com o governo, com o aparelho de ditadura de classe, uma vez que possui funções coercitivas e econômicas. A dominação de classe se exerce através do aparelho de Estado no sentido clássico (exército, polícia, administração, burocracia), e essa função coercitiva do Estado procura realizar uma adequação entre aparelho produtivo e moralidade das massas populares. Nesse contexto, o Estado dominaria as massas, quer pelo terror policial, quer pela repressão interiorizada ou mesmo pela impostura e pelo ilusório[16].

O Estado defende, proíbe e/ou ilude, pois, precavendo-se de identificar ideologia e "consciência errada", o termo ideologia só faz sentido se admitir que os procedimentos ideológicos comportam uma estrutura de ocultação-inversão. Acreditar que o Estado só age assim é completamente errado: a relação das massas com o poder e o Estado, no que se chama especialmente de *consenso, possui sempre um substrato material*. Entre outros motivos, porque o Estado, trabalhando para a hegemonia de classe, age no campo de equilíbrio instável do compromisso entre as classes dominantes e dominadas. Assim, o Estado encarrega-se ininterruptamente de uma série de medidas materiais positivas para as massas populares, mesmo quando estas medidas refletem concessões impostas pela luta das classes dominadas. Eis aí um dado essencial, sem o qual não se pode perceber a materialidade da relação entre o Estado e as massas populares, se fosse considerado o binômio repressão-ideologia (Buci-Gluksmann, 1980: 29).

---

[16] Ver conceito de "ideologia" em Gramsci (1989).

Por isso, a tarefa educativa e disciplinadora da qual se incumbe o Estado tem por finalidade dar uma formação humana que adapte, de forma mais ampla, os trabalhadores e trabalhadoras às necessidades do contínuo desenvolvimento do aparelho produtivo. Por outro lado, o Estado amplo, integral, pressupõe a tomada do conjunto dos meios de direção intelectual e moral de uma classe, a burguesia, sobre o conjunto da sociedade. Esse é o modo como a classe burguesa poderá realizar sua "hegemonia", ainda que ao preço de "equilíbrios de compromisso", para salvaguardar seu próprio poder político, particularmente ameaçado em períodos de crise. Decorre dessa relação contraditória que mantém com as classes sociais o fato de o Estado capitalista constituir-se um conjunto de atividades teóricas e práticas com as quais a classe dirigente precisa justificar-se para obter consensos e, assim, manter a dominação.

Em *O 18 Brumário de Luis Bonaparte* (1997), Marx discute a forma como o Estado atuava como organizador do consenso e, ao mesmo tempo, da dominação. Os aparelhos estatais eram vistos como um imenso exército de funcionários que, através da luta e de frações de classe, organizavam o poder, ao mesmo tempo, desorganizando objetivamente a classe do proletariado.

Nessa nova articulação dialética do conceito de Estado, que incorpora a hegemonia (sociedade civil) ao Estado (sociedade política), Gramsci procura evitar falsas alternativas, rejeitando qualquer distinção orgânica entre sociedade civil e Estado, hegemonia e ditadura. Sem isso, corre-se o risco de cair no economicismo.

O equilíbrio de compromisso, realizado *no* e *com o* Estado, não se identifica exclusivamente com o estabelecimento do Estado como "fator de coesão social", integrando mais ou menos, conforme os interesses das forças que representam o capital, as outras classes. Por isso, o Estado, longe de reduzir-se a um instrumento externo às relações sociais de produção, articula-se a essas relações em torno de um objetivo: manter a ordem social, ainda que, algumas vezes, seja necessário imprimir pequenas reformas de fachada, mantendo-se, entretanto, a estrutura que sustenta as relações de classe. Destruir o espírito de colaboração de classe e a ilusão reformista exige formular com exatidão aquilo que entendemos por Estado. É necessário *desocultar* e fazer penetrar na consciência das massas que um Estado socialista, isto é, a organização da coletividade que se segue à abolição da propriedade privada, não é uma continuação do Estado capitalista, embora escape à natureza desta pesquisa definir seus contornos – tarefa que, penso, é uma tarefa coletiva.

O Estado tem um papel essencial nas relações de produção e na delimitação-reprodução das classes sociais, porque não se restringe ao exercício da repressão física organizada. Ele também tem um papel específico na organização das relações ideológicas e na produção e difusão da ideologia dominante. Poderíamos dizer então que:

> Todo Estado é ético, na medida em que uma de suas funções mais importantes consiste em elevar a grande massa da população a um certo nível cultural e moral, nível que corresponde à necessidade de desenvolver as forças produtivas, e portanto aos interesses das classes dominantes. A educação como função educativa positiva e os tribunais como função educativa repressiva são as mais importantes atividades do Estado nesse sentido. (Gramsci, in: Buci-Gluksmann, 1980: 167)

É preciso considerar que a ideologia não consiste num sistema de ideias ou de representações (Gramsci, 1981). Compreende uma série de *práticas materiais* extensivas aos hábitos, aos costumes, ao modo de vida dos agentes, moldando-se como cimento no conjunto das práticas sociais, políticas e econômicas. As relações ideológicas são em si imprescindíveis na constituição das relações de propriedade econômica e de posse e na divisão social do trabalho no próprio seio das relações de produção (Gruppi, 1978; Marx, 1993), porque o capitalismo, em sua história, volta-se sempre para as formas de investimento mais seguras e mais rentáveis. Para manter o sistema de exploração, o Estado cumpre funções sociais que implicam a divisão social do trabalho e a apropriação, por determinada classe social, do excedente deste trabalho produzido pela outra classe social, a que vive do trabalho.

> Parece razoável supor então que, não importa como esse "complexo de instituições" tenha passado a existir, o Estado surgiu como meio de apropriação do produto excedente – talvez mesmo como um meio de intensificar para aumentar os excedentes – e, de uma forma ou de outra, como um modo de distribuição. De fato, pode ser que o Estado – sob uma forma de poder público ou comunitário – tenha sido o primeiro meio sistemático de apropriação de excedentes e talvez mesmo o primeiro organizador da produção excedente (Wood, 2003: 37).

O Estado é capaz, em sua materialidade, de sutilmente renovar, disciplinar e consumir os corpos dos trabalhadores, ou seja, de introduzir na sua própria corporalidade formas aceitáveis de violência. Por isso, Gramsci (2001) não vê o Estado como um simples instrumento nas mãos da burguesia; esse autor analisa o papel do Estado na constituição e organização das classes, em sua unificação, por entender que a classe burguesa não é uma entidade externa ao Estado, e sim seu elo conciliador.

A intransigência parece ser a única forma possível da luta de classes, já que o Estado não é um instrumento externo à classe, mas desempenha um papel em sua unificação/constituição considerando, diferentemente, os diversos aparelhos de acordo com a classe a que se destinam, ou seja, produz discurso segmentar e fragmentado, segundo as diretrizes da estratégia do poder. Assim, a separação entre o econômico e o político – na ideologia como na prática – é um efeito ilusório e, ao mesmo tempo, necessário ao modo de produção capitalista.

> Esse Estado afirma assim um papel organizacional particular em relação às classes dominantes e um papel de regulação face ao conjunto da formação social: seu discurso é um discurso da ação. (...) Esse discurso, se efetua por excelência a junção saber-poder, não tem unidade própria e intrínseca. Trata-se de um discurso segmentário e fragmentado segundo os objetivos estratégicos do poder e as diversas classes as quais ele se dirige (Poulantzas, 1981: 65).

Por isso, ao discutir o Estado, não podemos reduzi-lo à simples vontade da burguesia, como se as contradições de classe (entre as classes e intraclasses) não existissem e não determinassem o sentido das formas de fazer política. A classe proletária, se assim procede, fica prisioneira de um politicismo a-histórico, irmão siamês do economicismo imposto pela burguesia.

A sociedade capitalista, constituída por classes em relações contraditórias, precisa concentrar cada vez mais na instituição que a representa, o Estado, as várias formas de poder, interferindo em todas as esferas da realidade social. Dessa forma, as ligações entre os poderes de classe e o Estado tornam-se cada vez mais estreitas. Dito isso, não é menos verdadeiro que os poderes de classe, e não apenas os econômicos, como parece, ultrapassem sempre o Estado. Seu papel constitutivo na existência e reprodução dos poderes de classe, em especial na luta de classes, explica sua presença nas relações de produção, bem como constitui uma democracia e uma cidadania, que nada mais são do que fetiches constituidores da institucionalidade capitalista.[17] Portanto, onde existe divisão de classes há luta e poder de classe, não havendo nessa ordem, luta e poder de classe anterior ao Estado ou sem o Estado.[18]

É de posse dessa compreensão que se deve colocar a tarefa de construir a ruptura com a imagem romântica e ingênua do proletariado como um revolucionário nato. Aceitar essa imagem idealizada é negar a totalidade da teoria e da prática materialista-histórica, que

---

[17] Ver sobre o assunto: Ribeiro, 2002.
[18] Ao desenvolver estudos antropológicos sobre sociedades indígenas, Pierre Clastres formula as hipóteses: 1) de que existem sociedades sem Estado e, nestas, o poder é compartilhado e horizontal, e 2) de que o poder político antecede o poder econômico, tomando como referência sociedades humanas consideradas "arcaicas", nas quais já está presente um Estado bastante desenvolvido que organiza as relações sociais (Clastres, Pierre. *A sociedade contra o Estado*. 2ª ed. Rio de Janeiro: Francisco Alves, 1978).

afirma/requer a crítica radical da ordem capitalista, momento necessário à construção de uma nova sociabilidade. Sob essa ótica, o fim da divisão de classes significa o fim do Estado e, por isso mesmo, fim de um certo tempo, o que não é o final dos tempos, porém o fim de uma certa história, que também pode ser chamada de pré-história da humanidade.

> Apesar de continuar a ser parte integrante do processo de produção que ela não pode interromper, a luta de classes deve ser *domesticada*. (...) Em geral, somente quando sai para a rua o conflito de classes se torna em guerra aberta, principalmente porque o braço coercitivo do capital está instalado fora dos muros da unidade produtiva. O que significa que confrontações violentas, quando acontecem, não se dão geralmente entre capital e trabalho. Não é o capital, mas o Estado, que conduz o conflito de classes quando ele rompe as barreiras e assume uma forma mais violenta. O poder armado do capital geralmente permanece nos bastidores; e, quando se faz sentir como força coercitiva pessoal e direta, a dominação de classe aparece disfarçada como um Estado "autônomo" e "neutro" (Wood, 2003: 47).

O Estado precisa ser visto como uma unidade articulada de consenso e coerção, ou seja, pensado como produto da organização/desorganização da totalidade da sociedade. Todavia, a sociedade civil não pode ser pensada em separado da sociedade política, a não ser que se queira mascarar as condições reais da luta de classes, pois implica cindir direção e coerção, mitificando os projetos hegemônicos e ocultando os contra-hegemônicos que com os primeiros se confrontam. Do mesmo modo, o Estado não pode ser entendido no sentido único de concentrar o poder fundamentado nas relações de classe; é necessário entendê-lo, também, como um poder que se propaga tendencialmente sob uma multiplicidade de formas, apropriando-se dos dispositivos com os quais exerce o poder, que, entretanto, o suplantam constantemente.

Historicamente privatizado, porque compreendido dentro de relações sociais de antagonismo e de conflito, o Estado potencializa e garante a expansão máxima da classe dominante/dirigente e, para sua maior eficácia, tem necessariamente que aparecer como articulador do conjunto da sociedade, como resumo qualificado do todo social. Nesse sentido, busca restringir permanentemente as formas associativas do proletariado em todas as suas expressões de organicidade. Por isso, a regulamentação das relações de trabalho ou algumas garantias sociais consubstanciadas em direitos, arrancadas com grande esforço pelas lutas operárias, são denunciadas como corporativismo pelas forças representativas de um liberalismo retrógrado e conservador que alguns autores têm chamado de neoliberalismo ou ultraliberalismo (Anderson, 1995).

A nova configuração das forças tendo em vista a vitória do neoliberalismo sobre a organização da classe trabalhadora que enfrenta o desemprego planejado, associada ao desmonte do Estado do Bem-Estar, permite aos sujeitos sociais que representam o capital impor a flexibilização, a precarização, a informalização nas relações de trabalho. Ao mesmo tempo, afirma-se a urgência da qualificação profissional para acompanhar as mudanças introduzidas nos processos produtivos. Os capitalistas, que Wood (2003, p. 38) identifica como "apropriadores de mais-valia, ou compradores de força de trabalho, que já têm o seu 'estoque de mão-de-obra' completo, não 'oferecem empregos' ou vagas, não compram a força de trabalho que se oferece no mercado". Entretanto, a realidade é invertida ideologicamente, transferindo-se ao trabalhador a responsabilidade por não conseguir um emprego. Divulga-se um discurso de que não há trabalhadores qualificados, por isso ocorre desemprego. É o trabalhador o incapaz, não o mercado. Tudo, absolutamente tudo, deve ser submetido à mercantilização (Forrester, 1997).

Nessa lógica, é necessário cada vez mais limitar os direitos sociais e os gastos estatais correlatos. Transformar a previdência, a saúde e a educação em objetos mercantis é a síntese e o limite. A universalização dos direitos de cidadania apregoados pela concepção liberal de Estado republicano é, na ordem privada, subversiva. Seus limites estão dados pelos processos de acumulação e de reprodução do capital. O Estado deve abandonar o campo do social, transformando-o em terreno de caça mercantil. Realiza-se uma revolução passiva. Se, no início, a cidadania pretendia-se expansiva, agora ela é necessariamente restritiva. A democracia burguesa no momento de maior conflitividade incluía, relativamente, os trabalhadores. Hoje, passado o susto e eliminada aparentemente a tendência antagônica internacional, ela pode revelar sua face real: para os subalternos, a possibilidade de acesso, real e efetivo, ao mundo da política e do bem-estar social é quase nula, reduzindo-os, abertamente, à pura sobrevivência (Laurell, 1997).

O Estado capitalista assimila algumas demandas do proletariado, a partir do momento em que partidos políticos que se afirmam "de esquerda" e sindicatos passam a não colocar o capitalismo em questão. O pensamento majoritário das esquerdas deslocou-se da esfera da produção para a da circulação e, com isso, ficou mais difícil captar estrategicamente as contradições, a tendência antagonista das relações sociais. Assim, discutir a distribuição de direitos sociais conquistados dentro do Estado de Bem-Estar Social, quando eram fortes os movimentos revolucionários, e encaminhar as lutas em direção ao passado, ou à reconstituição destes direitos em uma conjuntura de fragilidade dos movimentos operários sem ao menos questionar, na raiz, a exploração capitalista, é aceitá-la na prática.

O Estado que, em face dos interesses e das necessidades da classe proletária, prega a sua importância e age mostrando a sua desnecessidade, revela-se o grande articulador das práticas capitalistas. Se os direitos sociais diminuem, os deveres em relação à ordem do privado se maximizam. "Cidadãos" sem direitos, os trabalhadores e trabalhadoras tornam-se, em grande medida, súditos de um poder que é exercido pelas múltiplas redes da racionalidade capitalista. De certo modo, o Estado recupera sua função original tal qual pensada pelos liberais: o árbitro do contrato burguês, o guardião da propriedade privada e o defensor da ordem. O fetiche da cidadania é brutal e exercido de múltiplas formas. Conhecer o que se passa é decisivo para a análise e a construção das alternativas. Aqui entra em cena o controle monopólico das informações pelos meios de comunicação de massa. A violência torna-se naturalidade. Os milhões que "fracassam" respondem pelo seu fracasso, que é sempre individual e de uma classe: a que vive do trabalho e não encontra emprego ainda que explorada e sem direitos, a que luta pelo direito de continuar a ser explorada através de um emprego, a maior parte das vezes sem garantias de seguridade, porém, não encontra quem queira comprar a sua única mercadoria, sua força de trabalho tornada descartável, tornada "lixo industrial" (Castel, 1998).

Os trabalhadores numa fábrica, organizados pelo capital numa divisão cooperativa do trabalho, são reunidos diretamente no processo de produção. Cada trabalhador também está numa espécie de relação direta com aquele determinado capitalista (individual ou coletivo) que se apropria de sua mais-valia, tal como o camponês se relaciona diretamente com o senhor da terra que se apropria de sua renda. Pode-se também afirmar que existe algum tipo de relação direta, por exemplo, entre os camponeses que trabalham independentemente uns dos outros para o mesmo proprietário, mesmo que não se unam deliberadamente em oposição a ele.

A relação entre os membros de uma classe, ou entre esses membros e outras classes, é de natureza diferente. Nem o processo de produção, nem o processo de extração de mais-valia provocam a união entre eles. "Classes" não se refere apenas aos trabalhadores combinados numa unidade de produção, ou contrários a um explorador comum numa unidade de apropriação. Classe implica numa ligação que se estende além do processo imediato de produção e do nexo imediato de extração, uma ligação que engloba todas as unidades particulares de produção e de apropriação. As ligações e oposições contidas no processo de produção são a base da classe; mas a relação entre pessoas que ocupam posições semelhantes na relação de produção não é dada diretamente pelo processo de produção e de apropriação (Wood, 2003: 89).

A autora constrói sua argumentação a partir de Thompson (1984), para quem a noção de classe, em seu uso heurístico, é inseparável do conceito de luta de classes.

> En realidad, lucha de clases es un concepto previo así como mucho más universal. Para expresarlo claramente: las clases no existen como entidades separadas, que miran en derredor, encuentran una clase enemiga y empiezan luego a luchar. Por el contrario, las gentes se encuentran en una sociedad estructurada en modos determinados (crucialmente, pero no exclusivamente, en relaciones de producción), experimentan la explotación (o la necesidad de mantener el poder sobre los explotados), identifican puntos de interés antagónico, comienzan a luchar por estas cuestiones y en el proceso de lucha se descubren como clase (...) (Thompson, 1984: 37).

Parece que vivemos em escala universal uma crise de direção que dificulta enormemente a possibilidade de compreensão das forças em presença, e impede que se dê a fusão das chamadas condições objetivas (materiais) e subjetivas (de direção). A partir daí os projetos ficam como que impossibilitados. Tudo parece caminhar para um capitalismo eterno, sem história, como já afirmara Hegel, retomado com vigor por Fukuyama (1992) na esteira da queda do Muro de Berlim e da desintegração do Leste Europeu.

Pensar o projeto de transformação social no interior da institucionalidade capitalista, negando a possibilidade revolucionária, implica afirmar a neutralidade das instituições, aceitar a possibilidade de que, nelas e por elas, seja possível alterar a natureza de classe do Estado. Fazer essa crítica não significa, contudo, recusar-se a travar a luta no interior do campo institucional. Diferente disso está a absolutização do institucional e o abandono da postura antagonista. Digo, então, não se tratar de questões de quantidade, que podem ser consideradas como melhoria das posições diferenciais no interior da institucionalidade, mas de qualidade, ou seja, encarar o embate contra-hegemônico.

Por isso, chamo atenção para o fato de o *Manifesto do Partido Comunista* (Marx, s/d) afirmar que as sociedades existentes até hoje expressam a história das lutas de classes, ou seja, não constitui fator primordial da sociedade burguesa abolir os antagonismos de classe e sim estabelecer novas condições de exploração, espoliação e opressão e novas formas de luta, consolidando duas classes fundamentalmente.

O capitalismo, ao longo da história, tem demonstrado capacidade de recompor-se com uma rapidez estonteante, reorganizando-se e procurando encontrar abrigo em teorias que possam favorecer sua reprodução e relação com a sociedade; assim, capital e Estado se apresentam unificados e devem ser vistos na sua totalidade complexa, no seio do capitalismo. Farias (2000) apresenta o Estado como sendo um movimento totalizante, concretizado no tempo e no espaço, e, como tal, deve ser encarado considerando suas variações históricas, que se articulam organicamente com as necessidades do capital. Dessa forma, o Estado apresenta-se como capaz de mediar as relações contraditórias entre capital e trabalho.

A classe dos capitalistas (fundiários, industriais, comerciais e financeiros), ameaçados por um proletariado urbano organizado e para manter o modelo econômico que lhes garante a propriedade dos meios de produção, viu-se forçada a redistribuir renda, abrindo mão de uma pequena parte de seus lucros. A retórica do livre mercado cedeu lugar a políticas de bem-estar social, que representaram uma reforma do capitalismo, mantendo, no entanto, a sua estrutura e, ao mesmo tempo, lhe proporcionaram um fabuloso crescimento econômico. Tais políticas vêm sendo paulatinamente desarticuladas pela força com que se impõe a reação neoliberal, o que propicia, segundo seus teóricos, reaver os objetivos sacrificados, agora que parece não haver nada mais a temer.

Analisando por um outro ângulo, ainda de acordo com os interesses das classes proprietárias dos meios de produção, percebe-se que as políticas "redistributivas", também chamadas keynesianas, significaram um sacrifício necessário, que viria, no futuro, em benefício dessas mesmas classes. Isso porque os recursos arrecadados pelo Estado para o financiamento das políticas sociais vieram a significar, também, uma poupança pública a ser aplicada na construção das condições gerais de produção, ou seja, nos transportes (aeroportos, portos e estradas), nas comunicações no campo real e virtual (telefonia e internet), em energia, em pesquisa básica e tecnológica, o que permitiria um enorme avanço nas forças produtivas. Isso de um lado, porque, de outro, o Estado keynesiano conferiu a feição do capital à regulamentação das relações de trabalho, individualizando direitos e delimitando o campo da ação reivindicatória dos órgãos representativos da classe trabalhadora. Desse modo, fragmentou suas formas de organização e luta, que passaram a restringir-se aos limites estabelecidos pelo Estado do Bem-Estar. Além disso, era preciso que os sujeitos históricos que encarnam o capital oferecessem alguma forma de compensação uma vez que, no entre-guerras, na Europa, os conflitos entre as classes estavam de tal modo acirrados que não permitiam a taylorização da produção; os trabalhadores não aceitavam a linha de montagem e os empresários temiam uma produção centralizada. O processo se completa em 1945, quando o fordismo (produção e consumo de massa) estava maduro (Harvey, 1998).

É preciso, nesse contexto, entender que a teoria keynesiana obedece a uma lógica conjuntural, pois opera no âmbito dos parâmetros estruturais do capital. E mesmo que o Estado de Bem-Estar social tenha recebido a classificação de "keynesianismo de esquerda", como afirmou Mészáros (2003), o que está contido em seu interior é a perspectiva de parada dos movimentos a partir da lógica do capital. Na verdade o Estado de Bem-Estar Social tentou, em suas origens, oferecer uma alternativa de administração "equilibrada", o que não foi possível devido à própria natureza de sua estrutura capitalista reguladora, orientada pelas demandas do processo de acumulação de capital. Dessa maneira, podemos considerar que,

> (...) dada a crise estrutural do sistema do capital, mesmo que uma alteração conjuntural fosse capaz de criar durante algum tempo uma tentativa de instituir alguma forma de administração financeira keynesiana do Estado, ela teria forçosamente uma duração muito limitada, devido à ausência das condições materiais que poderiam favorecer sua extensão por um período maior, mesmo nos países capitalistas avançados (Mészáros, 2003: 96/97).

A reconfiguração do Estado, segundo os interesses do capital, no momento da crise, tendo a classe dos apropriadores de mais-valia se apropriado da ciência e o Estado regulamentado, dentro dos limites estruturais, as organizações dos trabalhadores, permitiu que os capitalistas pudessem re-estruturar a produção de acordo com as necessidades de realimentar o processo de acumulação. Para isso, foi preciso desmontar o Estado do Bem-Estar Social – que já não lhes interessava – e enfraquecer os órgãos de classe do proletariado, fazendo com que estes caíssem no descrédito dos trabalhadores.

Observa-se, na história do capitalismo, que seu conteúdo de regulação decorreu de uma profunda reprogramação na natureza do Estado, alterando as regras e garantindo novas relações entre Estado e economia, possibilitando, desse modo, o avanço de novas formas de lucro depois da Segunda Guerra Mundial, momento em que o capitalismo garante sua hegemonia e inaugura o Estado do Bem-Estar Social; este irá servir também como uma espécie de muleta para amparar as sociedades devastadas pela guerra.[19] É dessa forma que o Estado procura amenizar a miséria dos países devastados. Segundo Offe (1991), o Estado de Bem-Estar Social é tido como um limitador para abrandar os conflitos de classe, procura equilibrar a relação entre capital e trabalho, no pós-guerra. Essa modalidade de Estado, também identificado como estado-providência (Oliveira, 1998), é saudada como a grande solução para os conflitos sociais.[20] Como sabemos, esse Estado teve seu momento de auge, mas, a partir da metade da década de 1970, começa a entrar em declínio. Ou, como afirmou Hobsbawm (1993), em alguns momentos nos anos 60 o capitalismo parecia ter superado a era das catástrofes. Ferraro assim a explica:

> A onda neoliberal não é, portanto, nem uma variante, nem produto final de um desenvolvimento continuado do ideário liberal. Muito pelo contrário, o neoliberalismo é resultado de um longo período de crise do mundo capitalista e de desgaste do ideário liberal. Representa, por um lado, uma **reação** contra as novas concepções e propostas que abriram caminho para o planejamento econômico, o keynesianismo e as políticas de bem-estar social, e, por outro, a afirmação explícita de **retorno** às ideias e ideais que nortearam a grande expansão industrial no século XIX (Ferraro, 1999: 25).

---

[19] Isso é reconhecido por Galbraith, para quem o Estado do Bem-Estar regulamentou as relações econômico-políticas para *salvar o capitalismo clássico de si mesmo* (Galbraith, John K. "O engajamento social hoje". In: *Folha de São Paulo*. Caderno Mais! São Paulo, Domingo, 20/12/1998, p. 4-5).

[20] "Estado assistencial; Estado do bem-estar social; estado benefactor; Estado providência: Estado protetor; *welfare-state*. Forma de Estado capitalista que se distingue pelas possibilidades que oferece aos cidadãos de acesso aos sistemas nacionais (públicos ou regulados pelo Estado) de educação, saúde, previdência social, renda mínima, assistência social, habilitação, emprego etc. Esse Estado atua, portanto, na organização e produção de bens e serviços públicos e na regulação da produção e distribuição de bens e serviços sociais privados" (Draibe, 1990, p. 2-3. In: Fidalgo & Machado, 2000, p. 147).

O neoliberalismo não consiste exclusivamente em uma reação teórica e política contra o Estado de Bem-Estar Social, mas principalmente em uma reação de ordem econômica, transferindo ao mercado a realização da sociedade, justificando-se na necessidade de retornar a um liberalismo radical como princípio organizador das relações sociais. O ajuste neoliberal faz parte de uma redefinição mundial do campo político-institucional e das relações sociais, para gestar um outro projeto de "reintegração social" com parâmetros diferenciados daqueles que, segundo a compreensão neoliberal, entram em crise a partir do final dos anos 1970. Assim, os pobres passam a ser vistos dentro de uma "nova categoria de classificação", enquanto alvo das políticas focalizadas de assistência social, mantendo sua condição de pobres, o que confirma o individualismo, estimula a competição e propicia a sustentação ideológica necessária a esse modelo de acumulação.

Com isso, o neoliberalismo tornou-se, nos países chamados impropriamente de "terceiro mundo",[21] sinônimo de aplicação de medidas de ortodoxia econômica impostas pelo Banco Mundial e pelo Fundo Monetário Internacional (FMI). Por essa razão, na América Latina, nenhum ministro de Estado pode tomar decisões macroeconômicas importantes sem o consentimento da tecnoburocracia mundial do FMI, ficando explícito o domínio do capital financeiro sobre o conjunto das atividades produtivas. Ou seja, os ajustes estruturais das economias dependentes e a re-estruturação produtiva correspondem às duas faces de uma mesma moeda.

---

[21] Durante o período chamado de Guerra Fria, o mundo foi dividido em três: o Primeiro Mundo, no qual estavam colocados os países capitalistas ricos, "desenvolvidos"; o Segundo Mundo, constituído pelos países que compunham a União das Repúblicas Socialistas Soviéticas (URSS); e os países pobres ou subdesenvolvidos integrariam o Terceiro Mundo. Com a desintegração da URSS, parece não haver sentido na expressão "terceiro mundo", que, no entanto, continua a designar os países pobres.

Um dos objetivos do FMI é adiar o quanto puder a quebradeira quase inevitável de um número considerável de empresas e bancos e garantir a desnacionalização total da economia, sem considerar se isso aumenta ou não a dívida externa e o que isso representa para os países pobres. A consequência imediata desse processo é que, por um lado, o consumo de dólares com as importações aumenta, e elevam-se as remessas de lucros e dividendos para o exterior – um dos fatores que tornam o ajuste estrutural ainda mais importante para os especuladores. O ajuste visa não somente cortar gastos sociais e suprimir políticas compensatórias, mas, sobretudo, engendrar uma hegemonia restaurada do capital financeiro transnacional sobre os rumos dos diversos governos nacionais. Desse modo, os programas de ajuste estrutural constituem um poderoso instrumento no sentido da recomposição das bases sociais e materiais da subalternidade política do proletariado.

Com isso, os países do "terceiro mundo" são tendencialmente impossibilitados de desenvolver suas economias nacionais, voltadas para o atendimento de suas demandas sociais devido ao endividamento externo, que atende os interesses dos grandes credores internacionais, impedindo aqueles países de estabelecer em políticas econômicas independentes. Dessa forma, a internacionalização da política econômica transforma os países pobres em territórios economicamente abertos, e as economias nacionais em reservas de força de trabalho barata e de recursos naturais acessíveis (Braga, 2000).

Sob essa ótica, pode-se dizer que o principal eixo de argumentação neoliberal, que é a crítica à intervenção do Estado na economia e o apoio à "livre iniciativa", resolve-se. O neoliberalismo afirma-se enquanto movimento de reação contra todas as formas de socialismo, contra a adoção do planejamento econômico, contra a teoria keynesiana, que minava a base teórica do liberalismo, e contra as políticas de bem-estar, bem como contra os movimentos coletivos, que, do mesmo modo e segundo seu entendimento, prejudicam a livre concorrência (Hayek, 1990; Friedman, 1984).

No intuito de retroceder a condições que permitiram, no século XIX, a total desregulamentação do trabalho e da produção da mais-valia, a política neoliberal é contra concepções e propostas que possam abrir caminho para o planejamento econômico e as políticas de bem-estar social, sob o pretexto de controlar a inflação. Não interessa se as sociedades vão constituir-se em espaços cada vez mais desiguais, o mais importante são os elevados recursos concentrados nas mãos da classe burguesa. Essa política retrógrada impõe o que se chama de ajustes estruturais, com a finalidade de retomar o controle total sobre a força de trabalho e a produção da mais-valia.

A primeira fase do ajuste, portanto, corresponde à redução do emprego no setor público, acompanhada por cortes drásticos nos programas de caráter social. Tais medidas de austeridade objetivam alcançar todas as categorias das despesas públicas. Eliminam-se subsídios aos produtos e serviços fundamentais, com um imediato e evidente impacto sobre o nível salarial. Poder-se-ia dizer que o intenso processo de internacionalização dos mercados, dos sistemas produtivos e da tendência à unificação monetária e financeira que o acompanham resulta em uma perda considerável da autonomia dos Estados nacionais, reduzindo o espaço e a eficácia de suas políticas econômicas e demonstrando a precarização de suas políticas sociais. Os Estados não deixam de arrecadar impostos e até os têm aumentado, porém estes já não se destinam ao financiamento da reprodução e formação da força de trabalho ou das condições infraestruturais para a circulação do capital, já privatizadas em sua maior parte, mas à reprodução do capital tendo em vista os custos das novas tecnologias e a rapidez com que estas se tornam obsoletas.

Por outro lado, tem havido um acirramento muito grande das desigualdades sociais decorrentes da implementação dessas políticas, porém esse aspecto não é objeto de preocupação dos seus articuladores, pois é avaliado como um valor irrelevante e, por vezes, imprescindível nas sociedades ocidentais. A proposta do neoliberalismo é manter o Estado forte perante as organizações sindicais e os movimentos sociais, bem como um rígido controle da circulação do dinheiro; diminuir os gastos sociais, desregulamentar a economia e controlar, a todo custo, a inflação. Como já afirmei, isso não significa que os recursos públicos sejam prescindíveis para o mercado, pois eles passam a ser condição indispensável na consolidação do neoliberalismo, no processo de acumulação do capital.

> O neoliberalismo reafirma a fé no liberalismo do século XIX e rejeita o do século XX, porque, segundo Friedman (os grifos que seguem são meus) "o *liberal do século XIX* considerava a extensão da liberdade como o meio mais efetivo de promover o bem-estar e a igualdade", enquanto que "o *liberal do século XX* considera o bem-estar e a igualdade ou como pré-requisitos ou como alternativas para a liberdade"; e ainda (e isto é sumamente revelador!), porque, "Em nome do bem-estar e da igualdade, *o liberal do século XX acabou por favorecer o renascimento das mesmas políticas de intervenção estatal e paternalismo contra as quais tinha lutado o liberalismo clássico*". E defende-se, devolvendo aos liberais do século XX a acusação de reacionários: "No momento exato em que faz recuar o relógio para o mercantilismo do século XVII, acusa os verdadeiros liberais de serem *reacionários*" (Ferraro, 1999: 30).

Como sabemos, o neoliberalismo surge enquanto movimento de reação às políticas de bem-estar social (Ferraro, 1999; Anderson, 1995; Laurell, 1997), porém as condições iniciais para uma hegemonia do liberalismo não eram de todo favoráveis, uma vez que o capitalismo avançado estava entrando numa longa fase de auges sem precedentes, apresentando o crescimento mais rápido de sua história. Por essa razão, os discursos apregoados pelo movimento neoliberal não pareciam ser prováveis de materialização quando se queixavam da regulação do mercado por parte do Estado. Isso porque o Estado de Bem-Estar Social coincide com o período de maior crescimento da sociedade capitalista do pós-guerra até os anos 70 – "os anos dourados" (Hobsbawm, 1995) –, o que pressupõe uma análise de que a crise da sociedade capitalista é necessariamente situada dentro de um conteúdo histórico mais complexo.

O avanço do capitalismo, portanto, se dá por meio do aumento da rivalidade entre suas corporações gigantescas, "solidarizando" os espaços econômicos nacionais, homogeneizando os padrões de produção e consumo e introduzindo profundas diferenças sociais nas áreas de penetração recente, o que determina a tão propalada decadência do "estatismo".

Nesse sentido, Oliveira (1998) alerta para o fato de o mercado ter virado um verdadeiro Deus, a quem se erguem altares por toda parte e perante o qual se prostra o mundo todo, na mais completa anestesia. Ou seja, o mercado é apresentado como o único mecanismo capaz de resolver as questões ligadas às necessidades da humanidade. Assim, a divinização do mercado como o deus capaz de proporcionar liberdade de investimentos, manter a propriedade privada e propiciar a equalização se contrapõe à visão de Estado como provedor de direitos sociais, o qual é satanizado, opressor, incompetente. Anderson, referindo-se ao neoliberalismo, afirma ser este:

> Movimento ideológico, em escala verdadeiramente mundial" destacando-lhe o caráter hegemônico. A avaliação de suas realizações é ao mesmo tempo preocupante e instigante. Para o autor, o neoliberalismo: *economicamente* "fracassou, não conseguindo nenhuma revitalização básica do capitalismo avançado"; *socialmente,* ao contrário, "conseguiu muitos dos seus objetivos, criando sociedades marcadamente desiguais, embora não tão desestatizadas como queria" e *política e ideologicamente* "alcançou êxito num grau com o qual seus fundadores provavelmente jamais sonharam..." (Anderson, in: Sader e Gentili, 1995: 23).

Ampliando a análise feita por Anderson, assim se manifesta Ferraro:

> Duas coisas surpreendem e instigam na avaliação de Anderson: a conjugação de fracasso econômico com sucesso político-ideológico e o sucesso neoliberal na criação de sociedades mais desiguais, mas sem o grau de desestatização pretendida. Neste caso, o aumento das desigualdades sociais deve ser imputado não, ou não apenas, à pretendida e propalada redução do Estado, mas à redefinição operada no plano das funções do Estado e da destinação do fundo público. Particularmente este segundo aspecto tem tudo a ver com a questão das políticas públicas em geral e das políticas sociais em particular, duramente abaladas pela longa crise mundial do capitalismo (Ferraro, 1999: 34).

Na realidade, as ideias neoliberais só começam a ganhar força a partir do ano de 1973, quando o mundo capitalista avançado experimenta uma profunda recessão combinada com baixas taxas de crescimento e altas taxas de inflação. No ano de 1979, o programa neoliberal, por intermédio do governo Thatcher, na Inglaterra, consegue ser implementado, colocando em prática as diretrizes políticas neoliberais. Em oposição ao Estado de Bem-Estar Social, o "tatcherismo" coloca em prática a chamada "contrarrevolução monetarista", impondo o receituário do grupo de Hayek, Friedman e Popper, que propõem, entre outras medidas, a eliminação do Estado como agente econômico, a drástica redução do tamanho e dos gastos sociais e a total liberação do mercado. O resultado dessa política foi o caos, um desastre para os trabalhadores, ou seja, a recessão, o desemprego, a desregulamentação do trabalho, entre outros, e uma política deliberada de depressão no sistema produtivo, atingindo em cheio os países pobres e, por outro lado, favorecendo os países ricos (Anderson, 1995).

Logo depois, em 1980, é a vez de Reagan, nos Estados Unidos da América; Khol, na Alemanha, no ano de 1982; e, no ano de 1983, Schluter, na Dinamarca, aplicarem o receituário neoliberal em seus países. Em seguida, "quase todos os países do norte da Europa ocidental, com exceção da Suécia e da Austrália, também viraram à direita. A partir daí, a onda de direitização desses anos tinha um fundo político para além da crise econômica do período" (Anderson, 1995: 11), levando a um ajuste que implicou a elevação das taxas de juros bancários, incidindo nas dívidas dos países, principalmente dos pobres, e afetando significativamente a vida dos trabalhadores. Por outro lado, reduziu drasticamente os impostos sobre os altos rendimentos, abolindo o controle sobre os fluxos financeiros, gerando um elevado nível de desemprego. As políticas adotadas por esses países estavam atreladas à repressão, às greves por meio de uma legislação antissindical, a severos cortes com gastos sociais e a um rígido programa de privatização que atingiu a habitação pública e as indústrias básicas, como as de aço, eletricidade, petróleo, gás e água. Com isso, consolidava-se a mais sistemática e ambiciosa de todas as experiências neoliberais em países de capitalismo avançado.

A chegada ao poder dos governos Thacther e Reagan se deram sob o signo da restauração da supremacia do "mercado". Isso demarcou o início de uma ofensiva política e social – que ainda não atingiu seus fins – cujo objetivo é destruir o conjunto das instituições e das relações sociais que engessaram o capital a partir do primeiro mandato de Franklin Roosevelt nos Estados Unidos e da vitória sobre o nazismo na Europa. Essas instituições e essas relações limitaram a liberdade de ação do capital, asseguraram aos assalariados elementos de defesa contra seus empregadores e, mediante o pleno emprego, uma proteção social para a grande maioria da população em pelo menos um dos três polos dos países industrializados. Na esfera financeira a "revolução conservadora" foi rápida e produziu efeitos massivos. A liberalização e a desregulamentação conduziram ao crescimento acelerado dos ativos financeiros, cuja expansão desde 1980 foi muito mais rápida que a do investimento. Isso permitiu a reconstituição de uma classe social de "credores profissionais", de grandes, mas também de pequenos rentistas (dos participantes dos fundos de pensão privados e das sociedades de aplicação financeira coletiva) que desfrutam benefícios financeiros resultantes apenas da posse de obrigações (principalmente títulos da dívida pública) e de ações (Chesnais, 1998: 87).

Apesar de, no plano político, o neoliberalismo ter apontado a social-democracia, nos países do Primeiro Mundo, como sua principal adversária na implementação da política de livre mercado, porque ela tem sido a formuladora e a defensora das políticas de bem-estar social, a história registra que os governos social-democratas mostram-se absolutamente favoráveis a aplicar medidas neoliberais. Tais medidas concretizam-se em políticas de contenção dos gastos públicos com o financiamento das políticas de bem-estar social, culminando com constantes derrotas do movimento sindical. Este movimento experimenta, nas áreas industrializadas, significativa diminuição das greves durante os anos 1980, o que favorece um notável arrocho dos salários dos trabalhadores e impõe o desemprego, concebido como um mecanismo natural e necessário de controle da força de trabalho em qualquer economia de mercado que se deseje eficiente.

> O governo Thatcher, ao ajustar a emissão monetária elevando as taxas de juros, baixando drasticamente os impostos sobre os rendimentos altos, aboliram controle sobre os fluxos financeiros, criaram níveis de desemprego massivos, aplastaram greves, impuseram uma nova legislação anti-sindical e cortaram gastos sociais. E, finalmente — esta foi uma medida surpreendentemente tardia —, se lançaram num amplo programa de privatização, começando por habitação pública e passando em seguida a indústrias básicas como o aço, a eletricidade, o petróleo, o gás e a água. Esse pacote de medidas é o mais sistemático e ambicioso de todas as experiências neoliberais em países de capitalismo avançado (Anderson, 1995: 12).

No entanto, é preciso compreender que o Estado de Bem-Estar Social, como consequência da política originalmente anticíclica de teorização keynesiana, constitui-se no padrão de financiamento público da economia capitalista, podendo ser sintetizado na sistematização de uma esfera pública, em que, a partir de regras universais e pactuadas, o fundo público, em suas diversas formas, passa a ser o pressuposto do financiamento da força de trabalho, passando também a atingir globalmente toda a produção por meio dos gastos sociais (Oliveira, 1998).

O rompimento com o Estado de Bem-Estar Social, em termos keynesianos, é devido, em primeira instância, à internacionalização produtiva e financeira da economia capitalista. A regulação keynesiana, que buscou potencializar a reprodução do capital, os aumentos da produtividade e a elevação do salário real, ficou circunscrita ao limite da territorialidade nacional. O resultado desse processo, segundo Oliveira (1998), é que o fundo público passou a ser vinculado, aprioristicamente, à taxa de lucro original de cada capital. A história do desenvolvimento capitalista tem mostrado, com especial ênfase depois do Estado de Bem-Estar Social, que os limites do sistema capitalista só podem estar na negação de suas categorias reais – o capital e a força de trabalho – enquanto mercadoria. Nesse sentido, a função do fundo público tem muito mais a ver com os limites do capitalismo como um desdobramento de suas próprias contradições internas. As transformações mais importantes do sistema capitalista se dão através da metamorfose do modelo global e da especialização dos processos produtivos.

O desenvolvimento do Estado de Bem-Estar Social é devido à revolução das condições de distribuição e consumo, do lado da força do trabalho, e das condições de circulação, do lado do capital. Os gastos sociais públicos mudam as condições da distribuição dentro de uma relação social de produção que parecia ter permanecido a mesma; o fundo público passa a exercer a função de financiador, articulador e "capital em geral", bem como de cuidar das condições de circulação de capitais. Essas transformações penetram agora na esfera da produção pela via da reposição do capital e da força de trabalho. A sociabilidade não se constrói, apenas, pela projeção sobre os outros setores da vida social dos valores do mercado, mas, pelo contrário, tem nos valores de mercado um de seus traços principais no terreno marcadamente da cultura, da saúde, da educação. É verdade que, nesse tempo de reação conservadora, em que parece ser o mercado o único critério válido, as formas de contraposição que se opõem a essa posição têm tudo para parecer românticas ou fora da realidade. Assim, essa esfera pública passa a ser sinônimo da democracia simultânea ou concomitante, e, ao longo do tempo, os avanços sociais, que mapeavam os acessos e a utilização do fundo público, entraram num processo de interação com a consolidação de instituições político-democráticas.

O Estado de Bem-Estar Social não deixou, por isso, de ser um Estado classista, isto é, um instrumento poderoso para dominação de classe. Na crise atual, percebe-se que em alguns momentos a direita não propõe o desmantelamento total da função do fundo público. O que ela propõe de fato é a destruição da regulação institucional com a supressão das alteridades entre os sujeitos sócio-econômico-políticos, o que pressupõe agências reguladoras gerenciadas pelo capital.

A tese neoliberal é de que, mantidos os controles institucionais do Estado de Bem-Estar Social, esse modelo de regulação das relações entre capital e trabalho ameaça o processo de acumulação do capital, tolhendo suas possibilidades de crescimento. Nesse sentido, o limite para o sistema capitalista parece ser o limite do capital, que, em seu processo de expansão, não admite nenhuma forma de barreira ou restrição. No entanto, essa voracidade não pode ser deixada entregue a si mesma, sem controle público, sob pena de transformar-se numa tormenta selvagem, na qual sucumbirão, juntos, a democracia e o sentido de igualdade nela inscrito desde os tempos modernos.

Não existe fórmula feita nem acabada para solucionar a crise, nem se trata de uma mera crise conjuntural; as teses da direita consistem em demarcar os lugares de utilização e distribuição da riqueza pública, tornada possível pelo próprio desenvolvimento do capitalismo em condições que assumem, num determinado momento histórico, uma dimensão aparentemente conformada da luta de classes.

No decorrer desse processo, já no início dos anos 1980, a Europa passa por significativas mudanças no que diz respeito à implementação das políticas públicas, que, dentro do sistema capitalista, exercia a função de minimizar os efeitos de marginalização e pauperização crescente no chamado Primeiro Mundo. Isso porque o crescimento do capitalismo trouxe muitas desigualdades depois da crise de 1929, quando o liberalismo econômico praticamente colocou a sociedade capitalista em xeque, devido à superprodução, que, na avaliação de algumas frações da burguesia, ameaçava asfixiar o sistema capitalista.

As possíveis relações entre Estado e movimentos sociais

> Os homens fazem sua própria história, mas não a fazem como querem; não a fazem sob circunstâncias de sua escolha, e sim sob aquelas com que se defrontam diretamente, legadas e transmitidas pelo passado (Marx, 1997: 21).

Estado

No caso brasileiro, as análises feitas sobre os anos de 1980 geram uma polêmica. De um lado, esta é identificada como uma década perdida para o país; na medida em que nossos índices de crescimento sumiram, a produtividade agrícola e industrial entrou em refluxo, perdemos em competitividade tecnológica etc., e perdemos em qualidade de vida, com a estagnação do declínio da taxa de analfabetismo, o aumento da criminalidade, da poluição e dos índices de desemprego, o retorno de doenças infecciosas tornadas endêmicas, como a tuberculose e a lepra, e o extermínio de crianças e adolescentes e os assassinatos de líderes políticos, sindicais urbanos e rurais etc.

Entretanto, focalizando-se a década de 1980 por um prisma diferente, é possível perceber que nem só de perdas constituiu-se essa década, pois amplos setores da sociedade, vinculados às camadas populares, começam a organizar-se, reivindicando direitos básicos e melhorias concretas para si e para gerações posteriores, o que significa a luta contra as ações oficiais e, em alguns casos, a ocupação dos espaços institucionais para construir opções políticas, democráticas, de caráter participativo.

> A sociedade civil voltou a ter voz. A nação voltou a se manifestar através das urnas. As mais diversas categorias profissionais se organizaram em sindicatos e associações. Grupos de pressão e grupos de intelectuais engajados se mobilizaram em função de uma nova Constituição para o país. Em suma, do ponto de vista político, a década não foi perdida. Ao contrário, ela expressou o acúmulo de forças sociais que estavam represadas até então, e que passam a se manifestar (Gohn, 1992: 58).

Nos primeiros dez anos de aplicação de políticas neoliberais foi possível consolidar o mito de que o esvaziamento do papel do Estado no Brasil levaria tanto ao crescimento econômico sustentado quanto à expansão do nível de emprego. Isso não ocorreu – muito pelo contrário. Justamente após cinco décadas de ampla manifestação de um padrão de intervenção do Estado favorável ao crescimento econômico e ao emprego, observou-se, a partir de 1990, a adoção de um novo modelo econômico que resultou em estagnação da economia e, consequentemente, em prejuízo aos trabalhadores de modo geral. Não apenas o desemprego assumiu volume sem paralelo histórico nacional, como o rendimento do trabalho alcançou uma das mais baixas participações na renda nacional. Assim, o que se pode perceber é o esvaziamento da esfera pública como espaço de legitimação dos direitos sociais e o fortalecimento do setor privado no que tange à reprodução do capital.

É preciso lembrar que, no Brasil, diferentemente do que ocorreu na Europa, envolvida em duas guerras mundiais na primeira metade do século XX, políticas estimuladoras da industrialização e geração de empregos, nos setores público e privado, começam em 1930, estendem-se por toda a era Vargas e continuam até o final dos anos 70, já no período de esgotamento da ditadura militar – daí porque dizer que foram cinco décadas. Todavia, não se pode afirmar que esse contexto tenha se traduzido em um Estado de Bem-Estar Social equivalente ao dos países europeus, ainda que os movimentos sindicais, ao longo dessas cinco décadas, tenham arrancado importantes conquistas no terreno da regulação de alguns direitos sociais.

Após um ciclo importante de expansão do setor produtivo estatal, assistiu-se, com o esgotamento do modelo de industrialização nacional, à adoção de medidas de desestatização. Na América Latina, por exemplo, alguns poucos países já registravam desde os anos 80 algumas experiências de desestatização, como no caso do Chile e México. Contudo, foi a partir do Consenso de Washington, em 1990,[22] quando as teses neoliberais tornaram-se hegemônicas na região, que o programa ampliado de privatização do setor produ-

---

[22] O Consenso de Washington já não é um consenso mesmo para organizações como o Banco Mundial, que participaram de sua formulação. Fruto de um seminário que reuniu, em Washington, em 1990, economistas do governo norte-americano e de instituições internacionais, como o Fundo Monetário, o Consenso de Washington passou a ser sinônimo de medidas econômicas neoliberais voltadas para a reforma e a estabilização de economias "emergentes" – notadamente as latino-americanas (GONÇALVES, Marcos Augusto. Introdução ao artigo: STIGLITZ, Joseph. "O Pós-Consenso de Washington". In: *Folha de São Paulo*. Caderno Mais! São Paulo, domingo, 12/07/1998, p. 5).

tivo estatal e dos serviços públicos ganhou grande importância. Há transferência de parte significativa dos ativos do setor público para a iniciativa privada.

A sociedade civil e os movimentos sociais, por sua luta, passam a ter voz; retoma-se a democracia formal. Essa começa a ser reconhecida como representativa no espaço institucional, constituindo-se o terreno do público como aquele que está acima do privado. Nesse sentido, longe da desaparição das classes sociais, tanto a esfera pública como seu corolário, a democracia representativa, afirmam as classes sociais como expressões coletivas e sujeitos da história.

A representatividade se materializa através do voto. As mais diversas categorias de trabalhadores voltam a se organizar por intermédio dos movimentos sociais, seja nos sindicatos, nas diferentes associações, nos partidos políticos. Assim, redefinidas as relações entre as classes, a capacidade de representação elevou-se notavelmente e, como consequência, também o papel e a função dos partidos políticos. Não é mais necessário que os partidos se identifiquem, por suas origens sociais, com certas classes sociais. O que é absolutamente necessário é que eles se identifiquem com tais ou quais modos de processar essa relação social de preservação da alteridade.

Por esse processo, é possível, pois, falar tanto de partidos políticos de esquerda quanto de direita, sem que isso remeta a uma base social marcadamente classista, lembrando que na história ocidental os partidos que melhor processam a gestão dessa relação são notoriamente partidos cuja origem foi marcadamente classista. Com isso, toma corpo a mobilização em função das Diretas Já e da nova Constituição para o país, promulgada em 1988. Em suma, pode-se dizer que, do ponto de vista político, a década de 1980 proporcionou a rearticulação dos movimentos sociais, o que só foi possível pelo acúmulo de forças sociais.

O fim dos regimes militares no Cone Sul criou uma onda de otimismo em relação à democratização da sociedade, em especial, por meio do aprofundamento do caráter público do Estado, após o longo inverno de violência institucional. Mas a chamada transição não caminhou inexoravelmente para a democracia, como, aliás, a análise da correlação de forças já indicava na época. No Brasil, as eleições indiretas e a constituinte congressual foram derrotas que sinalizaram que a "transição lenta, gradual e segura" contava com forte apoio das classes dirigentes. No entanto, também as multidões que clamaram por "Diretas, Já!" e a reorganização dos movimentos sociais em favor de uma Constituinte Soberana deixaram suas marcas. Apesar da constituinte de 1988 não ter sido "livre e soberana" como reivindicaram os setores democráticos da sociedade brasileira, condições políticas e conjunturais excepcionais garantiram significativas conquistas no Capítulo III da Constituição Federal de 1988: "Da Educação, da Cultura e do Desporto" (Leher, 2000: 145).

Nesse contexto, é preciso compreender, como afirma Oliveira (1998), que o Estado passe a ter o significado de opressão, atraso, megalomania, incompetência, privilégio. E o mercado torne-se o deus que tudo pode, que para tudo dará solução, sendo sinônimo de competência, qualidade, honestidade, ou seja, é preciso um Estado mínimo e um livre e amplo mercado. Assim, "a teoria clássica do livre comércio serve para formular um esquema de divisão do trabalho que vem respondendo a interesses dominantes tanto do centro do sistema capitalista como na sua periferia" (Soares, 2000: 15). O fundo público, em suas diversas formas, passa a ser o pressuposto do financiamento da acumulação de capital e do financiamento da reprodução da força de trabalho, passando também a atingir globalmente toda a produção, por meio dos gastos sociais.

Muitos críticos do Estado de Bem-Estar Social têm observado que, no fundo, a resultante foram bastiões corporativistas, com cada uma das classes sociais ou grupos específicos defendendo ferozmente seus interesses, que não se espraiam para os outros, confinando a gestão do Estado e dos interesses sociais a guetos particulares, a partir dos quais políticas de caráter geral tornam-se impossíveis. Trata-se de uma visão conservadora, que revela a aspiração por uma desregulação total ou pela volta às práticas de uma acumulação selvagem e pelo retorno das classes sociais – neste caso, os assalariados – à mera condição de pura força de trabalho. Interpretações mais ingênuas veem nas instituições do Estado de Bem-Estar Social a possibilidade de harmonizar as relações sociais, enquanto as interpretações mais pessimistas, vindas, sobretudo, da esquerda comunista, viam nas instituições e práticas da esfera pública e nas políticas do Estado de Bem-Estar-Social apenas a cooptação de largas parcelas do operariado e a anulação de seu potencial revolucionário. Um esquerdismo infantil impenitente julga que, no fundo, a educação pública, a saúde pública, a previdência social e outros direitos geram instituições estruturadoras das relações sociais que não passam de ilusão, porquanto não respondem às demandas dos trabalhadores, mas contribuem para reproduzir o capital.

O Estado de Bem-Estar Social não deixou, por isso, de ser um Estado classista, isto é, um instrumento poderoso para a dominação de classe, mas está muito longe de repetir apenas Estado "comitê executivo da burguesia" da concepção original de Marx expressa no *Manifesto do Partido Comunista* (s/d), explorada a fundo por Lênin (1986). Creio que não podemos descuidar de questões de extrema relevância, fundamentadas no pensamento de Lênin (1986), e que Florestan Fernandes aborda ao prefaciar o livro *O Estado e a Revolução*, ou seja, a necessidade de uma revolução socialista que considere os seres humanos tais como são. Para isso, seria preciso ir direto à nossa formação histórica e demarcar as contradições polarizadas entre a sociedade burguesa e o proletariado. Uma abordagem diferente desta, afirma Fernandes, aponta para o perigo de uma possível utopia que corre o risco de falsificar a realidade e de gerar falsas esperanças.

Se "as utopias podem ser perigosas e a revolução proletária não pode entregar-se ao erro de fortalecer o inimigo, encastelado por trás do poder do Estado capitalista", há que olharmos o nosso paradigma de produção da existência da forma como ele se concretiza.

O fundo público, nessa perspectiva, confirma o que já afirmáramos anteriormente: o Estado de Bem-Estar Social foi um ganho enorme para o capital. De um lado, porque cooptou, através da regulamentação das relações de trabalho, que os trabalhadores europeus aceitassem o padrão taylorista-fordista de produção, porque estabeleceu formas de controle que individualizaram a força de trabalho e, ainda, porque sustentou a reprodução e a qualificação desta força de trabalho. De outro, porque acumulou capital para a construção das condições gerais de produção, como: transporte, comunicação, energia, pesquisa, tecnologia.

Desse modo, os gastos sociais públicos mudam as condições da distribuição dentro de uma relação social de produção que parecia ter permanecido a mesma; o fundo público, como financiador, articulador, ou seja, como capital em geral, cuidou das condições de circulação de capitais. O desmantelamento dos movimentos sociais populares nos coloca diante de uma "redefinição do Estado em termos clássicos no sentido marxiano, com redução de suas funções de cunho social universalista, e ampliação do espaço e poder dos interesses privados, particularistas, da acumulação" (Ferraro, 1999: 35).

O capital, como um sistema de controle do metabolismo social, pôde emergir e triunfar sobre seus antecedentes históricos, abandonando todas as considerações às necessidades humanas ligadas às limitações dos "valores de uso" não quantificáveis, sobrepondo a estes últimos o imperativo fetichizado do "valor de troca" quantificável e sempre expansível. Ou, mais precisamente, podemos afirmar, assim como Wood, (2003: 8): "o capital preciso do Estado para manter a ordem e garantir as condições de acumulação". Offe (1991), apesar de ser um autor não identificado como marxista, também afirma que a grande contradição enfrentada pelo capitalismo hoje é que ele "não pode coexistir com o Estado social nem continuar existindo sem ele". O Estado, longe de se reduzir a um instrumento externo às relações sociais, articula-se a elas. Entretanto, pergunto: por que meio a dominação de classe pode superar sua própria base estreita para organizar o consenso de uma ampla camada da população em torno de sua política? Baseando-me em Gramsci, penso que a hegemonia – ou o consenso – em torno de questões que interessam à classe burguesa seja obtida através de intelectuais "orgânicos" que representam esta classe. Estes se encarregam de organizar e difundir o discurso justificador das políticas adotadas, incorporando elementos provenientes das camadas subalternas, porém ressignificando-os (Gramsci, 1981).

Gramsci acentua a necessidade de compreendermos o Estado como organizador da classe dominante e de suas necessidades de acumulação de capital. Na sua avaliação não há como estender o Estado sem redefini-lo diante de uma perspectiva estratégica nova, em que seja estabelecido o conflito de posição, permitindo à classe que vende sua força de trabalho um novo Estado. Sobretudo, porque vivemos o tempo da quantidade, da medida, da geometria, modernamente qualificadas em um discurso veiculado por intelectuais coletivos,[23] que percorrem o mundo explicando-o segundo qualidades e percepções tão sensíveis a ponto de legitimarem uma nova relação entre a humanidade e o mundo. Nessa nova relação, as pessoas podem explorar-se dignamente, vender-se e comprar-se racionalmente, matar em nome da paz, atacar populações pobres e desarmadas em nome de uma "defesa preventiva" e criar objetos tão artificiais quanto mais naturalizada vem-se tornando a vida e a desigualdade social.

---

[23] Para uma melhor compreensão do significado de "intelectuais coletivos", ver Gramsci (1981) e Lênin (1986).

Atualmente, vemos ser oferecida a varinha mágica da *globalização* como uma solução automática para todos os problemas e contradições enfrentados. Esta solução é apresentada como uma novidade completa, como se a questão da globalização aparecesse no horizonte histórico somente há uma ou duas décadas com sua promessa de bondade universal, ao lado da outrora igualmente saudada e reverenciada noção da "mão invisível". Mas, na realidade, o sistema do capital moveu-se inexoravelmente em direção à "globalização" desde seu início. Devido à irrefutabilidade de suas partes constitutivas, ele não pode considerar-se completamente realizado a não ser como um sistema global totalmente abrangente. É por essa razão que o capital procurou demolir todos os obstáculos que permaneciam no caminho de sua plena expansão e porque ele deve continuar a fazê-lo enquanto o sistema perdurar (Mészáros, 2000: 13).

Nesse "novo mundo", a consciência, uma instância sempre formadora do modo como percebemos o mundo – como delimitamos as "coisas", como criamos nossos horizontes, nosso campo de observação –, fazendo surgir o que, hoje, conhecemos como a história sentida e reivindicada, refaz os objetos de nossas estruturas em um novo modelo de competências globalizadas, flexíveis, multifuncionais, neoliberais. Pode-se fazer uma leitura da crise estrutural do capital como uma manifestação do enfrentamento do sistema com seus próprios limites intrínsecos.

A adaptabilidade deste modo de controle do metabolismo social pode ir tão longe quanto a "ajuda externa" compatível com suas determinações sistemáticas permita fazê-lo. O próprio fato de que a necessidade desta "ajuda externa" aflore – e, apesar de toda a mitologia em contrário, continue a crescer durante todo o século XX – foi sempre um indicativo de que algo diferente da normalidade da extração e apropriação econômica do sobretrabalho pelo capital tinha que ser introduzido para conter as graves "disfunções" do sistema. E, durante a maior parte de nosso século, o capital pôde tolerar as doses do remédio ministradas e nos poucos "países capitalistas avançados" – mas somente neles – pôde até mesmo celebrar a fase mais obviamente bem sucedida de expansão do desenvolvimento durante o intervencionismo estatal keynesiano das décadas do pós-guerra (Mészáros, 2000: 14).

Isso porque as ideologias funcionam como agentes de unificação social, como cimento de uma base de classe, ou seja, as ideologias não são o que se poderia chamar de ilusões, e sim manifestações implícitas que se apresentam no cotidiano da luta das classes sociais. Para se criar um mundo novo é necessário destruir o velho, mas, para que isso aconteça, também precisamos saber o que este novo deve ser.

> Antes de mais nada é preciso revolucionar os espíritos. Para que uma grande modificação social salve os homens, é preciso primeiro que ela apareça para a maior parte deles como evidente e lógica (Buci-Glucksmann, 1980: 113-114).

Essa é nossa história recente. O *locus* de um Estado, cuja formação tem constituído políticas sociais subordinadas a interesses econômicos e políticos da burguesia – interesses esses que renascem em momentos específicos, quando se torna necessário calar as necessidades e as reivindicações dos trabalhadores. Nesse sentido, o Estado tem-se tornado exatamente a expressão do antagonismo de classes, que, em nada lhe confere o tom conciliatório que pretende lhe seja imputado; apresenta-se, isso sim, como dominador de uma classe, o proletariado, impondo a esta restrições severas e diversas.

Wood explicita muito bem como a exploração capitalista se realiza em dois momentos, possibilitando desvelar o papel que o Estado desempenha nesse processo.

> (...) dois momentos de exploração capitalista – apropriação e coação – são alocados separadamente à classe apropriadora privada e a uma instituição coercitiva pública, o Estado: de um lado, o Estado "relativamente autônomo" tem o monopólio da força coercitiva; do outro, essa força sustenta o poder "econômico" privado que investe a propriedade

privada capitalista da autoridade de organizar a produção – uma autoridade provavelmente sem precedentes sobre a atividade produtiva e os seres humanos nela engajados (Wood, 2003: 36).

É importante que, em alguns momentos, pareça que o Estado defende a conciliação interclasses. São atenuados ou evitados enfrentamentos bruscos, ocultando-se a finalidade de derrotar os trabalhadores sutilmente. Quer dizer, então, que aquele Estado que se propõe a arbitrar, com imparcialidade, os conflitos decorrentes das desigualdades entre as classes sociais realmente não existe, é mais um fetiche; é possível afirmar, mesmo, que o Estado é concebido como o organismo próprio de um grupo, destinado a criar condições favoráveis para a maior expansão de classe.

Pode-se dizer que a burguesia precisa de um Estado vigilante às suas necessidades e hegemonia, que, como sublinha Gramsci, passa por aspectos como o econômico, o político e o cultural: assim, não é possível entender o Estado apenas no seu aspecto governamental, mas articulado dialeticamente ao aparelho privado de hegemonia, ou sociedade civil, pois ele não é simplesmente um instrumento externo à classe no poder, mas desempenha uma fundamental condição unificadora. Isso porque a burguesia é construída por frações que expressam interesses diversos, e o Estado é exatamente esse elo unificador e pacificador que garante, em última instância, sua unidade em torno de uma determinada coalizão de frações burguesas.

Como podemos acreditar que neste modelo de Estado ou de sociedade seja possível uma democracia concreta? O que esperar desse Estado se não a concessão de escolhermos entre os burgueses aqueles que nos irão governar? Como Luxemburgo (2001) afirmou: se a democracia torna-se supérflua ou incômoda para a burguesia, ela é, ao contrário, importante para os trabalhadores, que, ideologicamente, assumem a perspectiva de que é possível estabelecer outras relações por dentro do Estado.

(...) O capitalismo é estruturalmente antitético à democracia não somente pela razão óbvia de que nunca houve uma sociedade capitalista em que a riqueza não tivesse acesso privilegiado ao poder, mas também, e principalmente, por que a condição insuperável de existência do capitalismo é o fato de a mais básica das condições de vida, as exigências mais básicas de reprodução social, ter de se submeter aos ditames da acumulação de capital e às "leis" do mercado. Isso quer dizer que o capitalismo coloca necessariamente mais e mais esferas da vida fora do alcance da responsabilidade democrática. Toda prática humana que é transformada em mercadoria deixa de ser acessível ao poder democrático. Isso significa que a democratização deve seguir *pari passu* com a "destransformação em mercadoria". Mas tal destransformação significa o fim do capitalismo (Wood, 2003: 8).

Esse fetiche democrático servirá, por um lado, de porto seguro para garantir uma disputa marcada por vencedores e vencidos. Por outro lado, é importante que os trabalhadores sintam-se de alguma forma incluídos nesse processo, pois, ao serem excluídos, podem culpabilizar-se pelo seu próprio insucesso, fruto de uma explicável "incompetência técnica", mas podem, também, começar a perceber melhor a realidade e a fazer reivindicações, o que é um risco.

Com isso, a *mea culpa* social certamente ameniza a luta entre classes divididas por interesses antagônicos e reforça o forte apelo ideológico neodarwinista de que os trabalhadores são responsabilizados por sua "incapacidade" de ação, procurando naturalizar as derrotas da classe trabalhadora. Não é sem motivo que esse patamar democrático burguês ora constituído representa uma perfeita obra de submissão dos trabalhadores, pois "a democracia é indispensável, não porque torne supérflua a conquista do poder político pelo proletariado, mas, ao contrário, por tornar essa perspectiva necessária tanto quanto a única possível" (Luxemburgo, 2001: 101).

Movimentos Sociais

Pelo que foi exposto é que compreendo a atualidade de discutir os movimentos sociais nas suas relações de conflito e enfrentamento com o Estado. Entretanto, sabe-se que a organização desses movimentos dá-se a partir da falta de políticas sociais, pois o Estado tem-nos mostrado, ao longo da história, que tais políticas subordinam-se aos interesses econômicos e políticos da burguesia e, prioritariamente, aparecem em momentos específicos com o objetivo de calar tais movimentos. Todavia, apesar de relevante, essa discussão referente às políticas públicas não será aprofundada aqui, uma vez que me afastaria em muito dos objetivos estabelecidos para esta pesquisa. Também não pretendo debater o caráter educativo dos movimentos sociais, o que já vem sendo feito por Arroyo (1999), Caldart (2000) e Ribeiro (1999a), embora as reflexões estejam orientadas pelo reconhecimento de que tais movimentos sejam formadores de novos sujeitos coletivos, que avançam na construção de um projeto popular de sociedade.

Entendo que a transição pela qual passam os movimentos sociais tem como motivação a "nova" perspectiva social que levou grande parte dos movimentos a entrar em refluxo com a forte investida neoliberal, a partir de meados da década de 1970, a qual, devido ao ajuste econômico e à crescente desigualdade social, provoca sentimentos cada vez mais individualistas, levando-os a armadilhas como a tentativa de humanizar a globalização, ou seja, um mercado capitalista com uma face humana ou mesmo humanizada. Penso, também, que a criação de um novo Estado, enquanto processo histórico, deve apoiar-se em um trabalho preparatório, de aderir à realidade histórica, mergulhar em suas raízes ou nas contradições imanentes à sociedade capitalista.

A aguda e sempre atual reflexão de Marx (1997) sobre as derrotas do proletariado aponta para uma conclusão comum: a de que a classe trabalhadora deve criar suas próprias instituições autônomas, pois as alianças com a burguesia e a pequena burguesia têm mostrado que os interesses de classe sempre prevalecem, criando obstáculos que, por fim, reduzirão o movimento dos trabalhadores ao fracasso.

Nessa perspectiva, os movimentos sociais são tidos como a expressão da luta de classes, a partir das suas ações críticas e de suas reivindicações que levam ao conflito. Dessa forma, representam a necessidade de uma ação coletiva, em que está em jogo não só a subversão da ordem, mas também a disputa pela hegemonia na sociedade.

No Brasil, os anos 60, ao contrário do processo de reconstrução da Europa, foram marcados pela escuridão e pelo silêncio impostos pela ditadura militar, quando as manifestações dos trabalhadores e estudantes universitários foram duramente reprimidas, como, por exemplo, as greves de Osasco e Contagem, no ano de 1968.[24] No final dos anos 70, os movimentos sociais passam a se rearticular e eclodem, mesmo sob os olhares opressivos dos militares, os quais não tinham mais como sustentar a repressão devido a uma perspectiva de acumulação de capital que já não precisava da ditadura militar para manter-se. O enfrentamento do final dessa década tomou um formato (in)esperado, pois foram movimentos que surgiram a partir de reivindicações de auto-organização e emancipação social, tendo como marco a greve dos trabalhadores do ABC paulista no ano de 1978.[25]

Após o movimento de "abertura política" nos anos 80, os movimentos sociais tomaram um caráter diferente, passando a se organizar com mais intensidade, a fim de "dar conta" dos problemas sociais herdados dos anos ditatoriais. Nesse momento, os movimentos so-

---

[24] Ver: ALENCAR, Chico; CARPI, Lúcia e RIBEIRO, Marcus Venício. *História da Sociedade Brasileira*. 14ª ed. Rio de Janeiro: Ao Livro Técnico, 1996.
[25] Quero salientar que neste texto não cabe uma discussão aprofundada da história dos movimentos sociais; nesse sentido, indico a leitura de Ribeiro (1999a) e Gohn (1995).

ciais se fortaleceram; as discussões e a efervescência desses movimentos favoreceram a mobilização das Diretas Já e do movimento pró-Constituinte.

No caso da sociedade brasileira, como vimos anteriormente, as décadas de 1980 e 1990, que interessam particularmente a esta pesquisa, são marcadas pela crescente onda neoliberal. Ou seja, após algumas décadas da primeira grande crise do capitalismo no século XX, "os países industrializados experimentaram uma segunda crise, que se prolonga pela década de 1980, cujas consequências em termos de desequilíbrios macroeconômicos, financeiros e de produtividade se espalham pela economia internacional" (Soares, 2001: 11). Aqui, é preciso entender que essa corrente não consiste apenas em uma reação teórica e política contra o Estado de Bem-Estar Social, mas dirige-se principalmente ao agonizante processo em que o liberalismo estava colocado, o que leva a crer que o ajuste neoliberal não seja apenas de natureza econômica, mas faça parte de uma redefinição da burguesia nos campos político-institucional e das relações sociais.

Na lógica do capital desenha-se um outro projeto de "reintegração social", com parâmetros distintos daqueles que entram em crise a partir do final dos anos 70. Desse modo, os pobres passam a ser uma nova "categoria classificatória", alvo das políticas focalizadas de assistência ou de meros programas pontuais, mantendo, no entanto, sua condição de "pobres". Essa lógica é coerente com o individualismo que dá sustentação ideológica ao modelo de acumulação flexível, que, por sua vez, substitui o taylorismo-fordismo. No domínio do mercado existem, "naturalmente", ganhadores e perdedores, fortes e fracos, os incluídos e os excluídos, os que pertencem e os que ficam de fora (Soares, 2001; Fiori, 1998).

Quanto à questão das desigualdades sociais, que aparece na implementação desse novo projeto, o que se tem percebido é um tratamento positivo e imprescindível nos moldes da sociedade atual, pois sabe-se que as propostas do neoliberalismo são: manter o Estado forte perante os movimentos sociais e controlar a circulação do dinheiro, como diminuir os gastos sociais e desregulamentar a economia. Associadas a essas propostas, as políticas neoliberais investem pesado em uma abertura cada vez maior dos mercados dos países pobres, pela desestruturação de seus incipientes parques industriais, o que demanda um controle a todo custo da inflação a partir de parâmetros estabelecidos pelos organismos multilaterais como, o Banco Mundial e o FMI. Contudo, isso não significa que a sustentação do sistema capitalista possa prescindir da utilização de recursos públicos. Pelo contrário, esses recursos são imprescindíveis ao processo de reprodução do capital, principalmente devido aos altos custos das novas tecnologias e ao acirramento da concorrência entre as grandes corporações. Os recursos públicos estão vinculados às condições de reprodução de cada capital particular e às condições de reprodução ampliada do sistema capitalista.

Dessa forma, são os movimentos sociais que nos ensinam as mais importantes lições de democracia, pois sempre que se manifestam politicamente nos levam a refletir acerca da constante necessidade de organização e luta pela democracia e emancipação humana. Nesse caso, precisamos perceber os movimentos sociais como um processo histórico sujeito a leis, que, não só dependem da vontade da consciência nem do propósito da humanidade, mas que, ao contrário, determinam essa vontade, essa consciência, esse propósito, uma vez que, se o elemento consciente é subordinado historicamente, é desnecessário dizer que a base crítica, de forma alguma, terá por base a consciência crítica. Ou seja, o ponto de partida não pode, de maneira nenhuma, ser a ideia, o conteúdo subjetivo por si ou mesmo o fator exterior. A crítica deve consistir em comparar, buscar a contradição, cotejar um fato, não como uma ideia, mas com outro fato. "Para a crítica importa apenas que os fatos sejam pesquisados com maior exatidão possível e que, um em relação ao outro, representem realmente diferentes fases do desenvolvimento, assim como suas conexões devem ser estudadas com um rigor não menor" (Marx e Engels, 1993).

Com essa compreensão, um olhar mais atento impõe perguntar se a pobreza, como realidade inegável, contribuiria no processo reflexivo para levar os movimentos sociais a saírem do refluxo em decorrência de uma correlação de forças que não lhes é favorável, ou será que "os movimentos sociais estariam caminhando em outra direção que ainda não se tornaram suficientemente nítidas nesse momento? Neste caso, os movimentos seriam sujeitos de mudanças ou pacientes da reação do capital?", pergunta-se Ribeiro (1999a).

Assim, faz-se necessária tal discussão, principalmente se considerarmos, sob um ângulo, a aguda crise estrutural da sociedade capitalista e, de outro, os movimentos sociais como processos e espaços educativos orgânicos da classe trabalhadora, pois, ao ocuparem espaços e cenários, assumem um papel de destaque no processo de reflexão, formação e transformação social. Por isso, falar em movimentos sociais é falar em algo intrínseco à sociedade, visto que todas as manifestações coletivas são movimento e social, na relação dialética, permitindo um permanente movimento e tensão. No entanto, quando falamos em movimentos sociais, geralmente restringimos o seu sentido a ações de rebeldia social, de subversão da ordem, a ações de grupos revolucionários, associando-os com algo que rompe o andamento normal e comum da vida social. Uma excepcionalidade social. Assim, como afirma Caldart (1986), nesse contexto repressor da ação consciente e transformadora, então, os movimentos sociais podem ser concebidos como um processo de tomada de consciência dessa repressão e dessa alienação coletiva e, ao mesmo tempo, como uma tentativa organizada de rompê-la.

Nesse sentido, em alguns momentos associamos movimentos sociais e movimentos populares, por entender a relação desses movimentos com a sociedade, com o conjunto de grupos e relações sociais que não são detentores do poder econômico nem político, mas que são tratados como a massa alienada da sociedade e que "abrem mão" do processo decisório de ordem social; por isso é natural que seja dessa massa a ação mais radical e significativa no processo de modificação da ordem estabelecida.

No tocante às discussões acerca dos movimentos sociais na década de 1980, pode-se afirmar que havia uma matriz ideológica hegemônica que era balizada no campo de discussão marxista. Daí os movimentos sociais serem compreendidos como movimentos de classe, ou seja, movimentos que se propunham a ir além da simples perspectiva corporativa, a saber:

> (...) o Estado procura socializar os custos de suas ações, cooptando as reivindicações populares e mantendo-as sob controle para retirá-las da influência dos partidos de massa. Ao mesmo tempo, desenvolve umas políticas assistencialistas em que se destaca a criação das organizações comunitárias ou associações de moradores, como mediadoras entre o Estado e as populações dos bairros periféricos... (Ribeiro, 1999a: 119).

Dessa maneira, apresenta-se a discussão das relações ideológicas presentes na sociedade, e as possibilidades de ações de classe são colocadas na perspectiva da exploração da força de trabalho e da ausência/surgimento de uma consciência de classe numa clara conexão entre questões políticas, sociais etc.

> A categoria sociológica exclusão social surge nos anos 70, mas afirma-se principalmente nos anos 90, tendo como conteúdo a pobreza, a miséria, o desemprego, situações que evidenciam uma realidade de exclusão de processos de integração social. Penso que a categoria exclusão social não tenha potência para explicar os movimentos sociais populares enquanto sujeitos de transformações sociais que definem/redefinem o que tem sido identificado como uma realidade de exclusão social... (Ribeiro, 1999b: 137).

Os movimentos sociais têm as condições objetivas de contestar as políticas econômicas adotadas pelo Estado, principalmente se considerarmos que são organizados por coletivos humanos inseridos nos e vinculados aos problemas sociais.

Na transição dos anos 70 para os anos 80,[26] é possível observar, no mesmo processo, a fragilidade crescente da ditadura militar e a mobilização dos movimentos sociais, visível nas lutas dos trabalhadores. O que se pode perceber é que o reaparecimento de organizações populares voltadas para a pressão e reivindicação de bens e equipamentos urbanos ocorre paralelamente ao ressurgimento da vida de militância política no país de forma mais generalizada. O fim do bipartidarismo e as greves da região do ABC paulista, onde, entre inúmeras indústrias, há uma concentração de fábricas automotivas, são os exemplos mais expressivos do surgimento de movimentos sociais, principalmente sindicais, surpreendendo a própria ditadura militar. Esse exemplo se alastra por vários pontos do Brasil. Portanto, os movimentos não vieram para substituir as formas organizativas, como partido ou sindicato, mas, ao contrário, colocaram, com muita ênfase, a necessidade, por um lado, de luta permanente contra o Estado burguês e, de outro, de construir suas organizações com autonomia em relação às formas tradicionais (Gohn, 1999).

Cumpre destacar que, devido à marcante exclusão social dos movimentos sociais dos processos decisórios, passa a existir uma certa sede de participação, o que acaba atraindo algumas lideranças, que há anos estavam comprimidas, para o interior da burocracia estatal. Os movimentos sociais passam, então, a uma nova fase, que poderíamos chamar de reorganizativa. Desse modo, os anos 90 assumem uma

---

[26] É preciso lembrar que, nesse momento, o neoliberalismo começa se afirmar na Europa e nos EUA e, em seguida, começa tomar força no mundo. Ver Anderson (1995), Frigotto (1995), Soares (2000), Ferraro (2000), entre outros.

outra característica de luta dos movimentos sociais, tomando força as lutas por moradia, por terra, por creches, por escolas etc., o que altera significativamente a conjuntura política, propiciando um outro cenário, levando a um crescimento expressivo desses movimentos, que passam a articular discussões sobre gênero, etnia, meio ambiente, terra, por exemplo. Apesar de mobilizados por questões históricas, portanto antigas, os movimentos sociais tomam uma nova feição e passam a ganhar mais força a partir desse momento.

Como podem perceber, a partir dos anos 90, os movimentos sociais assumem uma nova postura no que diz respeito a sua consolidação ideológica; com isso, praticamente abandonam a centralidade da discussão da teoria marxista e passam a buscar no Estado formas de compor uma nova política social. Os movimentos sociais procuram intervir na sociedade partindo de outras concepções sociais, políticas e ideológicas, considerando as questões micro, ou do cotidiano, e as relações de poder e dominação, com base nas leituras e pesquisas, principalmente, dos autores: Michel Foucault[27], Giles Deleuze e Felix Guattari, entre outros. Não descarto a importância e, algumas vezes até, a necessidade de consultar esses estudos, porém, de certa forma, eles parecem afastar-se da perspectiva da relação dialética entre as questões do cotidiano, às quais conferem maior importância, e as relações sociais mais amplas, entre as relações micropolíticas e

---

[27] Esse autor é um dos que mais têm influenciado para uma mudança de rota nos estudos sobre a sociedade, deslocando as preocupações da exploração econômica, embora sem perdê-la de vista, para a dominação política, em especial para os micropoderes que circulam no interior das relações cotidianas. Porém, esse autor tem dado uma enorme contribuição para que se compreendam os mecanismos através dos quais o modo capitalista de produção pode impor uma disciplina dos corpos para a produção da mais-valia, e uma política que ao mesmo tempo homogeneíza comportamentos e individualiza direitos sociais. Sobre o assunto, consultar: FOUCAULT, Michel. *Vigiar e punir. história da violência nas prisões.* 3ª ed. Petrópolis: Vozes, 1984; FOUCAULT, Michel. *Microfísica do poder.* 4ª ed. Rio de Janeiro: Graal, 1984; FOUCAULT, Michel. *Em defesa da sociedade.* São Paulo: Martins Fontes, 1999.

as relações macroeconômicas. Pelas mesmas razões esses autores são criticados por Poulantzas (1981).

Nessa perspectiva de discutir os movimentos sociais, a política, por exemplo, passa a ser trabalhada a partir de pressupostos microssociais, abandonando a discussão classista e partindo para formulações que entendo colaborar com as mazelas da sociedade capitalista, ou seja, os movimentos sociais, a partir de então, na sua maioria, abraçam a teoria pós-moderna como sendo capaz de sustentar e de dar respostas às reivindicações particulares e individuais.

Penso que essa mudança coloque a necessidade de ampliarmos nossa compreensão desses movimentos para distinguir com clareza os espaços onde estes se concretizam como sujeitos coletivos, delineando os respectivos papéis da sociedade civil e do Estado e as relações destes com os movimentos sociais (Ribeiro, 1999a e 1999b). Não significa dizer que as questões colocadas pelo cotidiano dos homens e mulheres, como sujeitos constituintes dos movimentos sociais, não devam ser consideradas, mas que elas precisam estar articuladas dialeticamente a uma constante crítica no terreno macro, onde elas se explicitam nas relações contraditórias que se estabelecem entre as classes sociais.

O encaminhamento das questões trazidas pelos movimentos sociais não pode subordinar-se às perspectivas do capital, aceitando uma mediação dessas questões do ponto de vista da relação entre capital e trabalho, subordinando sempre este àquele. Por essa compreensão, os movimentos sociais passam a ser vistos como cooperadores entre as classes sociais, confirmando a compreensão de que "... o Estado é um órgão de dominação de classe, um órgão de submissão de uma classe por outra; é a criação de uma 'ordem' que legalize e consolide essa submissão, amortecendo a colisão das classes..." (Lênin, 1986: 10).

As características ideológicas dos movimentos sociais de meados dos anos 80 em nada se aproximam do ponto de vista teórico demarcado nos anos 70, o que parece acompanhar a direção dos ventos que vêm do Norte; assim, dizem que estão investindo em novas formas de atuação mediante novas abordagens de temas analisados por autores marxistas. Esses movimentos acabam assumindo características bastante flexíveis, o que é preocupante se pensarmos na lógica do trabalho para compreender a sociedade. Parece então que, ao assumirem tais características, buscam novos conceitos e formas de análise, automatizando a relação política e ideológica com partidos políticos, sindicatos e entidades que, historicamente, têm assumido a liderança dos movimentos sociais. Dessa maneira, os movimentos sociais adotam a lógica de criar espaços para outras formas de relação social, a fim de solucionar os problemas como jamais se tinha tentado antes. "Os direitos conquistados por eles não somente estabilizam as fronteiras entre o mundo da vida e os movimentos sociais, entre o Estado e a economia, mas também constituem condição de possibilidade da emergência de novas associações" (Cohen, in: Gohn, 1997: 139).

Os movimentos sociais, nesse período, não parecem visar um novo tipo de sociedade, nem, por meio de suas ações, provocar qualquer tipo de desconforto à sociedade capitalista; diferentemente disso, pretendem defender o direito à vida, à alimentação, a políticas sociais mínimas, sem pretender que, com isso, haja qualquer ruptura. Chegam, em alguns momentos, a se sobrepor aos partidos políticos, principalmente àqueles que programaticamente se propõem a defender os trabalhadores.

É preciso considerar o contexto em que os movimentos sociais mudam seu rumo ideológico e de ação antes de simplesmente apontar seus possíveis equívocos. O conhecimento das ações de Stalin, a desestruturação da União das Repúblicas Socialistas Soviéticas (URSS), a propaganda maciça do "fim da história", declarado por Fukuyama (1992), baseado em Hegel, ancorados, todos esses fatos, em políticas de desemprego em massa e de combate aos movimentos sindicais, fragilizam tais movimentos, perplexos diante de tantos desafios (Anderson, 1995).

Na ótica dominante, ao longo da década de 1990, os *novos* movimentos da sociedade civil caracterizam-se pela incorporação da crença no fim da centralidade do trabalho na vida social. Essa perspectiva é compartilhada, em um primeiro olhar, de forma paradoxal, pelos neoliberais e pelos críticos da sociedade do trabalho, como Claus Offe (1989) e Jurgen Habermas (1987), entre outros. Uma característica indelével desses movimentos, em decorrência da ressignificação do conceito de sociedade civil, é que seu *locus* encontra-se desvinculado da dimensão econômico-social. São movimentos que, na concepção de um dos principais ideólogos da "terceira via", Anthony Giddens (1996), estão mobilizados para a autoajuda e por temas como feminismo e ecologia, questões que, em síntese, contribuem para "a reflexibilidade local e global, abrindo espaços para o diálogo público a respeito dessas questões" (Leher, 2000: 160-161).

Em princípio, os movimentos sociais se caracterizam pela necessidade de colocar a sociedade em movimento, ou seja, estabelecer perspectivas sociais para além das estabelecidas pelo Estado. Contudo, é preciso compreender que, historicamente, o Estado, por sua própria natureza de mediador das relações sociais no modo de produção capitalista e, em decorrência, pela correlação de forças favorável à burguesia, acaba por favorecer o capital. Dessa forma, inicialmente se poderia dizer que os movimentos sociais buscam de forma coletiva estabelecer uma nova perspectiva social a partir das contradições da sociedade, procurando organizar a classe trabalhadora para que suas reivindicações sejam conquistadas, estabelecendo desse modo uma interlocução mais intensa com a sociedade e/ou com o Estado. Como Ribeiro (1999a), refiro-me aos movimentos sociais populares, que em seus processos organizativos e em suas manifestações reivindicatórias colocam em questão as relações de classe.

A minha última inferência reafirma o meu posicionamento pelos movimentos sociais populares que, mesmo mobilizados por situações de discriminação e opressão, têm como eixo básico as relações de exploração e exclusão. Penso que seja fundamental afirmar a diferença, as particularidades das questões de gênero, de raça, de sexualidade e outras, na unidade precária, porque se redefine e se rearticula das relações de exploração e exclusão. Essas velhas lutas revestem-se de novas formas, estratégias e pautas que, surpreendendo por sua novidade, podem repentinamente ofuscar a ancianidade das relações que as mobilizam (Ribeiro, 1999a: 132-133).

Como se pode notar, os movimentos sociais aqui considerados são aqueles que, no interior da sociedade capitalista, reivindicam melhorias sociais por meio das mais diversas políticas públicas, seja por moradia, terra, educação, saúde etc. Dessa maneira, não basta simplesmente a conscientização dos problemas sociais, é preciso uma participação ativa e uma interação permanente, que facilitem a mobilização das parcelas empobrecidas da sociedade. Nesse caso, a crise social é expressão da luta ideológica e política entre grupos sociais que disputam a hegemonia num dado momento histórico. Esse acirramento e essa explicitação do confronto é que dão força às organizações coletivas dos trabalhadores. Dentro dos movimentos sociais elas aparecem como movimentos reivindicatórios no interior da sociedade capitalista, definindo os limites do Estado, e devem ser entendidas considerando as contradições sociais a partir das carências e da falta de perspectivas às quais a parcela majoritária da sociedade é submetida. Assim, os movimentos sociais têm como características o fato de apresentar reivindicações que tragam melhorias à vida dos trabalhadores, a fim de gerar novas alternativas e rupturas sociais. Desse modo, recomeçam os movimentos dos desempregados e as lutas pela terra, desvinculados dos partidos políticos e dos sindicatos.

Os movimentos sociais não podem ser definidos única e exclusivamente como movimentos operários, e sim como um conjunto de movimentos espalhados em todos os setores da sociedade. Esses movimentos colocam em xeque o Estado, que, apesar de, na aparência, representar o interesse de toda a sociedade, acaba por atender às pressões de uma classe: a burguesia. Por isso, os movimentos sociais não podem ser vistos nem como aqueles que somente estão preocupados com reivindicações pontuais, decorrentes de melhorias imediatas, nem como aqueles que têm um caráter ideológico mais forte e que procuram, mediante suas reivindicações, uma alternativa de Estado que tenha nos trabalhadores sua preocupação fundamental, o que expressa a constante luta de classes, por deter a hegemonia na sociedade.

É evidente que não são todos os movimentos sociais que chegam a desembocar num projeto político de classe. Mas esta é a potencialidade de cada nova ação grupal que se organiza. Alguns grupos não ultrapassam o estágio inicial de mobilização. Outros, à medida que conquistam suas reivindicações imediatas, se desintegram e retornam ao tipo de vida anterior. A trajetória, aqui apenas brevemente descrita, é longa e entrecortada, com avanços e recuos constantes, sempre obstaculizada pela própria tradição individualista e alienada em que vivemos. O amadurecimento político do grupo e sua capacidade de racionalizar a utopia concreta que o cotidiano da organização apenas esboça se coloca como o grande desafio para os novos movimentos sociais, que se multiplicam em nosso país e continente (Caldart, 1986: 28).

Assim, entendo que os movimentos sociais se constituem em organizações populares preocupadas em garantir melhores condições sociais por meio de sua organização, conscientização e permanente mobilização. Nesse sentido, tais movimentos sociais precisam ser compreendidos como representantes históricos de seu tempo. Cabe aqui a crítica a formulações teóricas que tratam os movimentos sociais como movimentos apenas conjunturais, desprezando sua perspectiva histórica e a necessidade de esses movimentos compreenderem a sociedade na sua totalidade contraditória, o que pode levá-los a um atrelamento à burocracia estatal e/ou partidária. Quero dizer que é preciso garantir a autonomia dos movimentos sociais e denunciar as falsas inclusões de suas reivindicações, como foi feito, por exemplo, na Constituição do ano de 1988, quando a aceitação da pauta dos trabalhadores não significou a sua inclusão, ou, dito de outro modo, não passou de retórica demagógica, o que reforça a perspectiva de burocratização do movimento e de uma concepção burguesa de democracia, que passa necessariamente pela cooptação e pelo controle social.

As discussões a respeito dos movimentos sociais se colocam sob a ótica da polaridade: de um lado os mais radicais, que apontam a perspectiva do socialismo como alternativa à barbárie, e, do outro, uma perspectiva de composição entre capital e trabalho como forma de superação momentânea da situação vivida, ou, como afirma Leher:

> A ressignificação de sociedade civil tem como desdobramento o estabelecimento de movimentos sociais de outro tipo. Com efeito, em seu sentido mais comum atualmente, esta noção apaga as diferenças de classe, as contradições, servindo para atenuar as tensões sociais e, por conseguinte, as lutas de classes. Não resta dúvida de que a nova direita tem sabido articular o potencial anti-Estatal que a resistência à intervenção burocrática do Estado tem historicamente criado. As campanhas em prol da privatização da telefonia no Brasil são um exemplo disso (Leher, 2000: 161).

Dessa forma, aceitam-se os encantos do poder e da burocracia para satisfazer necessidades específicas e subjetivas de grupos, reforçando a ideia de que é possível um capitalismo domesticado ou uma globalização mais humana. Na sociedade, as questões sociais se expressam a partir da luta dos movimentos sociais, que polarizam suas demandas contra o Estado burguês; é o fruto desse enfrentamento que impõe a aparição de políticas sociais, a saber:

(...) O caráter regulador de intervenção estatal no âmbito das relações sociais na sociedade brasileira vem dando o formato às políticas sociais no país: são políticas casuísticas, inoperantes, fragmentadas, superpostas, sem regras estáveis ou reconhecimento de direitos. Nesse sentido, servem à acomodação de interesse de classe e são compatíveis com o caráter obsoleto do aparelho do Estado em face da questão. Constituem-se de ações que, no limite, reproduzem a desigualdade social na sociedade brasileira (Yazbek, 1996: 37).

O Estado intervém nas questões sociais como organizador e reprodutor das relações sociais, regulando os conflitos dentro de limites toleráveis, de modo a garantir o processo de acumulação de capital. É possível perceber que, mesmo com a implementação de tais políticas tuteladas, a desigualdade tem chegado a níveis alarmantes. "Assim, as políticas governamentais no campo social, embora expressem o caráter contraditório das lutas sociais, acabam por reiterar o perfil da desigualdade no país e mantém essa área de ação submersa e paliativa" (Yazbek, 1996: 40).

Pode-se afirmar, então, que a funcionalidade da política social no âmbito do capitalismo não é uma decorrência natural, e sim faz parte da luta de classes. Por isso, não "há dúvidas de que as políticas sociais decorrem fundamentalmente da capacidade de mobilização da classe operária e do conjunto dos trabalhadores a que o Estado, por vezes, responde com antecipações estratégicas" (Paulo Neto, 1996: 29), procurando subordinar os movimentos sociais a suas políticas e sua agenda.

Penso que os movimentos sociais tenham um caráter classista, ou seja, os movimentos sociais populares precisam colocar a sociedade capitalista como um adversário a derrotar ou como um limite a ser transposto para a construção do socialismo. Assim, os movimentos sociais são, em última análise, a expressão de um conflito de classes; as contradições sociais manifestas nas respostas do Estado, que usa do aparato repressivo para garantir a ordem favorável aos interesses do capital, educa o movimento no sentido da sua constituição e reconhecimento como classe, fazendo com que adote uma postura crítica, coletiva, de busca da liberdade e da igualdade social, pois

(...) os novos sujeitos sociais deixam cada vez mais de ser atores individuais para serem atores coletivos. De um lado e de outro se configuram como organizações com projetos praticamente explícitos de classe, mas emaranhados numa complexidade social exigente de novas categorias de análise política (Caldart, 1986: 105).

Passo agora a construir a concepção de ONG dentro dos espaços público e privado, articulados dialeticamente porque atravessados pelas contradições e conflitos decorrentes da relação capital x trabalho, sobre a qual se assenta a sociedade capitalista.

ONGs – Entre o Público e o Privado

Como primeira forma de estabelecer esse debate, é preciso considerar a constituição de um novo modelo econômico, em que o Estado assume um papel residual na atividade econômica e o setor privado exerce plenamente suas funções, ganhando importância e desenvolvimento em se considerando a função mínima que será exercida pelo Estado; por outro lado, o setor privado terá participação relevante nas áreas sociais, como educação e saúde.[28] Assim, a redução do tamanho do Estado na economia vem acompanhada

---

[28] O montante repassado da educação a ONGs e organizações do Terceiro Setor no ano de 2003 foi de aproximadamente 138,4 milhões, e 236,84 milhões de reais no ano de 2004 (cf. O Globo, 03/05/2004. In: Santos, 2005).

da realização de reformas administrativa, previdenciária e tributária, representando uma reconfiguração do setor público.[29]

Como se pode notar, a relação público/privado é uma questão recorrente em se considerando a disputa existente pela hegemonia na sociedade provocada pelas realidades sociais, políticas e econômicas. Assim, a reflexão sobre essa questão tão presente na sociedade procurará dar mais consistência à discussão referente às ONGs, que crescem assustadoramente, disputando os fundos públicos, concomitantemente ao crescente empobrecimento e intolerância social, uma vez que as políticas do Banco Mundial para os países da América Latina têm sido cruciais "para implantar políticas sociais compensatórias. O caso mais característico talvez tenha sido o do México, em que grande parte da política de 'alívio à pobreza' foi encaminhada por ONGs que atuaram em vínculo direto com os setores dominantes (Sader, in: Leher, 2003: 16).[30]

Assim, deve-se considerar que, com a globalização neoliberal, surge uma forma de pensamento que acompanha e procura esvaziar o conhecimento crítico classista.

> Por mais diferentes que sejam os métodos para dissolver conceitualmente o capitalismo – o que inclui tudo desde a teoria do pós-fordismo até os "estudos culturais" pós-modernos e a "política de identidade" –, eles em geral têm em comum um conceito especialmente útil: "sociedade civil". Depois de uma história longa e tortuosa, depois de uma série de marcos representados pelas obras de Hegel, Marx e Gramsci, essa ideia versátil se transformou numa expressão mágica adaptável a todas as situações da esquerda, abrigando uma ampla gama de aspirações emancipadoras, bem como – é preciso que

---

[29] O Governo Lula repassou cerca de 1,3 bilhões de reais a entidades privadas sem fins lucrativos sem nenhuma licitação, sendo que cerca de 1,077 bilhões de reais diziam respeito a atividades de exclusiva responsabilidade do Governo Federal, como, por exemplo, programas de alfabetização (cf. O Globo, 03/05/2004. In: Santos, 2005).
[30] Ver capítulo 3, que trata das ONGs.

se diga – um conjunto de desculpas para justificar o recuo político. Por mais construtiva que seja essa ideia na defesa das liberdades humanas contra a opressão do Estado, ou para marcar o terreno de práticas sociais, instituições e relações desprezadas pela "velha" esquerda marxista, corre-se o risco hoje de ver a "sociedade civil" transformar-se num álibi para o capitalismo (Wood, 2003: 205).

A verificação de afinidades entre os discursos que pregam a subordinação do público ao privado sob a pretensa superioridade deste sobre aquele é relevante para esse debate, pois se nutre da lógica do fim da história para garantir um novo discurso que opõe o privado e o Estatal, no lugar da oposição clássica entre o público e o privado. Ou seja, a crítica ao público tem como contraponto a lógica do mercado, apresentado como lugar da eficiência, mérito, criatividade, iniciativa e criação. Contudo, o que se percebe é que o uso mais intenso desses termos assume uma conotação somente ideológica favorável ao discurso neoliberal, proporcionando a desqualificação do Estado com vistas ao desaparecimento do público enquanto espaço de disputa e garantia de direitos sociais.

É interessante notar que essa lógica apresenta as pessoas a partir de suas particularidades privadas, contrapondo-se aos direitos coletivos e universais, ou seja, a liberdade passa a ser explorada dentro dos limites ideológicos entre o espaço público e o espaço privado delimitados a partir da fragmentação das necessidades sociais, afirmando os particularismos da sociedade e da necessidade compulsiva de consumo (Dupas, 2003). Assim, aos pobres restam as políticas caritativas e focalizadas, estabelecidas por programas como Fome Zero, Alfabetização Solidária[31] entre outras. Entretanto, é preciso observar

---

[31] Em se tratando especificamente desse programa foram feitos os seguintes repasses a ONGs: ano de 2000, em reais: 24.302,000; 2001, em reais: 79.333,600; 2002, em reais 102.600,000. Esse repasse somente leva em consideração recursos da execução orçamentária dos anos listados (cf. O Globo, 03/05/2004. In: Santos, 2005).

que a implementação dessas políticas se dá através de entidades da chamada sociedade civil, geralmente convocada para assumir tal responsabilidade social e dividir parte de sua renda e de seu tempo com o atendimento aos pobres e desvalidos, a fim de "aliviar" seu sofrimento, pobreza e "ignorância", sustentando dessa forma a lógica do capital, como afirma a autora na citação que segue.

> (...) "Sociedade civil" constitui não somente uma relação inteiramente nova entre o "público" e o "privado", mas um reino "privado" inteiramente novo, com clara presença e opressão pública própria, uma estrutura de poder e dominação única e uma cruel lógica sistêmica. Representa uma rede particular de relações sociais que não apenas se coloca em oposição às funções coercitivas, "policiais" e "administrativas" do Estado, mas também a transferência dessas funções, ou, no mínimo, de uma parte significativa delas. Ela gera uma nova divisão do trabalho entre a esfera "pública" do Estado e a esfera "privada" da propriedade capitalista e do imperativo de mercado, em que apropriação, exploração e dominação se desligam da autoridade pública e da responsabilidade social – enquanto esses novos poderes privados dependem da sustentação do Estado por meio de um poder de imposição mais concentrado do que qualquer outro que tenha existido anteriormente (Wood, 2003: 217-218).

Isso renova a importância da luta cotidiana dos movimentos sociais contra a lógica dominante de reduzir a liberdade a um ato de consumo e de alívio da pobreza, pois a prática dessa liberdade, no discurso dominante, está cada vez mais associada à ideia pontual de compromisso individualizado com a sociedade. Com isso, a democracia é ameaçada pelo extremo individualismo, cada vez mais presente na vida social e representado pelos aparelhos de gestão e pelos mecanismos de mercado, bem como pela desagregação dos movimentos sociais, porque:

Para a pós-modernidade, a ordem social implicou a superação de uma dinâmica de oposição de classes pela criação de uma nova estrutura de castas: de um lado, os incluídos; de outro, os excluídos de todos os tipos. A interpretação absoluta e universal da realidade acabou substituída por uma grande diversidade de discursos. Foi o fim dos *grandes relatos* e o surgimento de uma sociedade atomizada e de uma nova classe dirigente, com uma clara visão tecnocrática e funcional sobre as orientações políticas e econômicas (Dupas, 2003: 13).

É preciso observar que os mercados globais trazem como conceito fundante a privatização do conceito de cidadania, bem como constroem a metáfora da soberania popular subordinada à dinâmica do Estado. A necessidade que o capital tem do Estado é crescente, não apenas para facilitar o planejamento capitalista, assumir riscos ou para manejar ou conter conflitos de classes, como também para levar a cabo as funções sociais abandonadas pela classe apropriadora e minorar seus efeitos antissociais. Com isso, o Estado deve prosseguir encolhendo, cúmplice do capital em seus propósitos antissociais, em detrimento do bem público.

Dessa forma, para os afoitos defensores do neoliberalismo, o livre mercado traria a paz e a prosperidade; contudo, por mais que essa ideia pareça esdrúxula, tem uma boa acolhida numa significativa parte da inteligência social, principalmente no discurso político ideológico da burguesia, a fim de assegurar uma tal liberdade individual. Mas ainda, os defensores do neoliberalismo concluem que a extensão do Estado é a causa exclusiva das dificuldades das sociedades contemporâneas. Ou seja, a crise não é da economia de mercado e do capitalismo, mas do Estado e das instituições públicas. De acordo com esse pensamento, a ação do Estado na economia desestabiliza e perturba o mercado, visto que o serviço público é ineficiente e produz restrições deformantes. No regime democrático, a partir dessa intervenção social, as instituições públicas hipertrofiam o Estado, requerendo mais impostos e acarretando elevação dos custos da produção/circulação, perda de dinamismo econômico, desemprego e mais gastos públicos.

A realidade histórica tende a solapar as distinções nítidas exigidas pelas teorias correntes que nos pedem para tratar a sociedade civil como, pelo menos em princípio, a esfera da liberdade e da ação voluntária, a antítese do princípio irredutivelmente coercitivo que pertence intrinsecamente ao Estado. É verdade que na sociedade capitalista, com a separação entre as esferas "política" e "econômica", ou seja, o Estado e a sociedade civil, o poder coercitivo público está mais centralizado e concentrado do que nunca, mas isso apenas quer dizer que uma das principais funções de coerção "pública" por parte do Estado é apoiar o poder "privado" na sociedade civil (Wood, 2003: 218).

Seguindo essa lógica, procura-se a todo custo incorporar essas ideias ao inconsciente coletivo das sociedades, marginalizando o espaço público, ao mesmo tempo em que se procura fortalecer o espaço privado usando a simbologia da eficiência, competência e respeito à democracia e aos direitos dos cidadãos a partir da visão de consumo. Como afirma Leher (2003), essa proposição encontra suporte em recentes propostas governamentais que asseveram que as verbas públicas serão distribuídas para os estabelecimentos mais "eficientes", independentemente de suas naturezas jurídicas.[32] Assim:

> Passamos de uma sociedade política a uma sociedade organizacional, entendida essa última como uma sociedade de gestão sistêmica e tecnocrática que pretende legitimar os direitos da pessoa; a liberdade, portanto, passou a ser definida de maneira totalmente privada. A identidade política universalista, à qual correspondia o conceito de cidadania, diluiu-se e fragmentou-se, permitindo a proliferação de identidades coletivas não somente particulares, mas parciais e truncadas (Dupas, 2003: 17).

---

[32] Projeto Parceria Público-Privado (PPP) do Governo Federal.

Por outro lado, a capacidade de participação dos movimentos sociais se redefine como um tipo de solidariedade identificada com os interesses do capital. Dessa forma, as ONGs passam a ser vistas como de fundamental importância para a manutenção de uma sociedade que se quer fragmentada em suas ações, disponibilizando o fundo público e pulverizando as ações do Estado.

A partir desse processo de fragmentação, a sociedade deixa de ser um todo, sendo fatiada em diversas instâncias de decisão especializadas, vinculadas às demandas de intervenção tecnoburocráticas, o que parece re-editar a mais tradicional perspectiva taylorista/fordista de fragmentação social. Isso por que as teses neoliberais definem o Estado como intrinsecamente ineficaz, moralmente incapaz e totalmente dispensável para definir ações públicas eficazes. Dessa forma, só o mercado livre e a competição seriam suficientes para criar um padrão mundial de empregos e de um Estado social privado.

Daí a importante contribuição, nessa nova lógica, do discurso dos novos movimentos sociais.

> De três maneiras, o novo pluralismo supera o reconhecimento liberal de interesses divergentes e tolerância (em princípio) de opiniões diversas: 1) sua concepção de diversidade penetra as externalidades dos "interesses" e vai até a profundidade psíquica da "subjetividade" ou "identidade" e avança para além da opinião ou do "comportamento" político até a totalidade dos "estilos de vida"; 2) ele não pressupõe que alguns princípios universais e indiferenciados do direito possam acomodar todas as diferentes identidades e estilos de vida (por exemplo, para serem livres e iguais, as mulheres necessitam de direitos diferentes dos homens); 3) apoia-se numa visão cuja característica essencial, a diferença específica histórica, do mundo contemporâneo – ou, mais especificamente, o mundo capitalista contemporâneo –, não é a força totalizadora e homogênea do capitalismo, mas a heterogeneidade única da sociedade "pós-moderna", seu grau sem precedentes de diversidade, até mesmo de fragmentação, que exigem princípios novos, mais complexos e pluralistas (Wood, 2003: 219-220).

Por isso, com certa tranquilidade, pode-se afirmar que "nenhum desses movimentos tem como objetivo elaborar uma nova concepção de sociedade, de existência coletiva das suas finalidades e limites. Com isso, os espaços sociais se convertem em uma autoexibição infinitamente móvel de produções midiáticas, transformando a realidade social e em alguns momentos confundindo-se com ela" (Dupas, 2003: 19-20). Como consequência desse processo de marginalização, tem-se percebido uma significativa aversão à esfera pública, ocasionando sua degradação.

Não é possível esquecer que as políticas de ajuste neoliberal, apesar da grande pobreza mundial, ainda encontram sólo fértil para implementar suas medidas. Por isso, a sistemática desqualificação das instituições públicas, sustentada ideologicamente pelos intelectuais da sociedade civil a serviço do mercado, procura debilitar o espaço público como lugar de embates e conflitos e de conquistas coletivas. A liberdade passa a parecer possível unicamente na esfera privada, o que leva à progressiva privatização da cidadania.

Para escapar das "armadilhas da democracia", os governos afinados com esse pensamento promovem uma radical reforma do Estado, de forma que o interesse privado suplante o público. Dessa forma, as decisões referentes a câmbio, juros, inflação, preços etc. são deslocadas para espaços fora do Estado ou, se não for possível, para esferas em que o poder legitimado pelo voto popular não tenha maior poder de interferência, daí a importância de Agências Reguladoras e Conselhos. Assim, os governos mudam o tabuleiro de lugar, mas as peças continuam inalteradas, gerando com isso um frescor de satisfação e democracia.

Nesse forjado novo espaço público estão as ONGs, como espaços privilegiados, bem como um novo associativismo, representado em parte pelos denominados novos movimentos sociais, a partir de associações de bairros e de moradores, iniciativas culturais, ambientais e de lazer de caráter local; pequenas associações profissionais e de solidariedade com distintos segmentos sociais; associações de reivindicação ou defesa de direitos enfocando gênero, cor, credo etc., que passam a representar mudanças substanciais na cultura política, já que em tese não mais aspiram a sua incorporação ao Estado e defendem um novo padrão de ação coletiva, ligado a critérios territoriais e temáticos.

Trilhando esses caminhos, as ONGs pretendem lidar com consensos emergentes, não com interesses; propõem-se a promover e a representar esses consensos e esperam que sua legitimidade faça brotar a vida cotidiana e comunitária da sociedade, sem manipulação ou artificialismo. Além disso, argumentam que essa construção de acordos no seio da sociedade civil, além de um processo transparente e aberto, realiza-se mediante a geração de consensos, criando novas solidariedades e garantindo dessa forma uma espécie de superioridade moral da nova sociedade civil.

A mesma motivação está na base da criação de alguns conselhos da sociedade civil (via de regra representada pelo capital e pelas ONGs) para "assessorar" as políticas públicas. Aparentemente, tudo é muito democrático, mas o simples exame de sua composição, da forma de escolha e de suas atribuições, comprova que a administração de "consensos" pode ser falsificada e que "maiorias silenciosas" são evocadas para excluir ou reprimir movimentos ou ideias dissidentes.

Faz parte desse movimento a exacerbação da gelatinosa "sociedade civil" (desprovida de classes sociais, em antípoda ao Estado), que, em meados dos anos 80 e ao longo da década de 1990, passou a protagonizar políticas sociais "alternativas" ao Estado autoritário e burocrático, por meio das ONGs, muitas delas financiadas por organismos internacionais e corporações (Leher, 2000).

Certas obrigações do Estado – como a educação, em especial – passam a ser implementadas exclusivamente para as populações "pobres", aceitando dessa forma as determinações neoliberais, que fazem parte das conhecidas preocupações do Banco Mundial com a governabilidade (segurança) e a crença desse organismo na contribuição educacional para "aliviar" a pobreza e promover a contenção social (Leher, 1998).

Em suma, toda a política de reforma das atribuições do Estado na área social contribui para a mercantilização das políticas públicas e sociais – e o pior – em função da nossa condição capitalista dependente. Assim, é possível reconhecer que muitas dessas expressões fazem parte do vocabulário de membros de setores da esquerda outrora na oposição à ditadura empresarial-militar e hoje dirigentes de ONGs ou de instâncias do Estado, pessoas que apregoam a necessidade de "liberalizar" essas mesmas instâncias.

Dessa forma, pode-se dizer que, por definição, o Estado burguês "representa" a totalidade da população, abstraída de sua divisão em classes sociais, como cidadãos individuais e iguais, como denuncia Wood.

> O velho conceito liberal de igualdade política, legal e formal, ou uma noção do que se convencionou chamar de "igualdade de oportunidades", é capaz de acomodar as desigualdades de classe – e por isso não representa desafio fundamental ao capitalismo e seu sistema de relações de classe. Na verdade, é uma característica específica do capitalismo que seja possível um tipo particular de igualdade universal que não se estenda às relações de classe – ou seja, exatamente a igualdade formal, associada a princípios e procedimentos políticos e jurídicos, e não ao controle do poder social ou de classe. Nesse sentido a igualdade formal teria sido impossível nas sociedades pré-capitalistas em que apropriação e exploração eram inseparavelmente ligadas ao poder jurídico, político e militar (Wood, 2003: 221-222).

Em outras palavras, o pensamento que se materializa nas ações e discursos traz implícita uma concepção de que homens e mulheres encontram-se em posições desiguais na sociedade civil, porém iguais perante o Estado. Ou seja, o parlamento reflete a unidade fictícia da nação perante as massas, como se fosse seu próprio governo, visto que a existência do Estado parlamentar constitui o quadro formal de todos os outros mecanismos ideológicos da classe dirigente – o quadro geral em que cada mensagem específica é transmitida em qualquer outro lugar. Por isso, esse código é tão significativo que os direitos jurídicos da cidadania não são uma simples miragem, pelo contrário, as liberdades civis e o sufrágio da democracia burguesa são uma realidade cuja realização foi em parte incorporada a partir das reivindicações dos próprios trabalhadores, cuja perda seria uma derrota significativa para o proletariado.

A história tem mostrado que os movimentos sociais autônomos em relação aos governos, credos e seitas religiosas, é que podem operar com mais radicalidade as contradições do Estado, do público e do privado e conduzi-las de modo a fazer com que o Estado seja, de fato, uma esfera pública. Por isso, somente os interessados no fim das classes e que objetivam a extinção do Estado capitalista podem criar um Estado com capacidade ética e organização social unitária.

A dialética instaurada pela função do fundo público na reprodução do capital e da força de trabalho levou a inusitados desdobramentos. Há, teoricamente, uma tendência à desmercantilização da força de trabalho, pelo fato de que os componentes de sua reprodução representados pelo salário indireto são antimercadorias sociais. De um lado, isso representou uma certa homogeneização do mercado e do preço da força de trabalho, levando à automatização do capital constante e, por sua vez, à reprodução do capital das amarras de uma antiga dialética, em que as inovações técnicas se davam, sobretudo, como reação aos aumentos do salário direto real. A abertura para a inovação técnica permitindo o deslocamento do parâmetro antes colocado sobre o salário real total, posto que este passou a ter no salário indireto um componente não desprezível, deslanchou um processo de inovações tecnológicas sem paralelo.

Os gastos sociais públicos mudaram as condições da distribuição dentro de uma relação que parecia ter permanecido a mesma; o fundo público se concentra como financiador, articulador, sendo que o capital mudou as condições da circulação de capitais. Essas transformações penetram agora na esfera da produção pela via da reprodução do capital e da força de trabalho, transformados nas outras esferas – no terreno marcadamente da cultura, da saúde, da educação. É verdade que nesses tempos de reação conservadora, em que parece ser o mercado, de novo, o único critério válido, tal posição tem tudo para parecer romântica ou fora da realidade.

> Conforme retomou a iniciativa – no plano mundial, na América Latina e no Brasil – o liberalismo imprimiu à palavra reformas um conteúdo mercantil – de desregulação, antiestatal – e projetou a pecha de "conservador" ao que se opõe a elas. E, conforme o socialismo e o anticapitalismo, juntamente com o público e o setor público, foram deslocados e desapareceram do campo de debates e de alternativas, as opções se restringiram a somar-se às propostas liberais ou assumir a defesa de um modelo de socialismo derrotado e de um Estado esgotado e em crise (Leher, 2003: 10).

Concluo afirmando que a organização dos movimentos sociais é parte importante na luta por mudanças significativas na sociedade e tem a consequência de alterar, por seu processo educativo, a correlação de forças e disputar a hegemonia política a partir de projetos antagônicos das classes representadas. É certo que a força dos movimentos sociais leva o Estado a procurar mecanismos de desmobilização, ora pelo uso da violência e da repressão, ora procurando abrir espaços de "diálogos e negociações". Entretanto, essas tentativas "democráticas" objetivam, na verdade, cooptar os movimentos sociais para dentro do Estado, a fim de manter a ordem inalterada ou amortizar suas pressões e reivindicações, procurando equilibrar as forças e estancar temporariamente os movimentos e sua mobilização.

Nesse caso, a tendência é de que esses movimentos se re-estruturem, uma vez que suas lutas vão tomando uma consciência cada vez mais nítida da falta de compromisso social do Estado burguês com os trabalhadores e da necessidade de estes trabalhadores assumirem seu destino e irem em busca de uma emancipação concreta.

O movimento de ir e vir, de avançar e retroceder, de construir-se consciência nas práticas sociais, principalmente das que decorrem das lutas, tem uma dimensão educativa que carece de uma sistematização que possa contribuir para o fortalecimento dos movimentos sociais. Mas esse já seria outro texto. Proponho-me, tendo presente meu objeto de pesquisa, enunciado anteriormente, a analisar, no próximo capítulo, a relação entre os movimentos sociais e o surgimento e consolidação das ONGs no Brasil.

3

METAMORFOSES DAS ONGS: FORMAÇÃO E PERSPECTIVA POLÍTICA E EDUCATIVA

Em primeiro lugar, alerto que encontrei dificuldade em fazer a pesquisa sobre a constituição das ONGs, porque há uma certa escassez de material para esse tipo de pesquisa. Na literatura pesquisada existe uma unanimidade no que diz respeito ao surgimento do nome ONG: a de que esse termo apareceu inicialmente nas discussões da Organização das Nações Unidas (ONU), nos anos 40, que assim as definiu: Organizações que desenvolvem atividades diversas na sociedade e não fazem parte da estrutura governamental.[33]

Se, por um lado, discutir ONGs é estimulante, por outro, não há como negar que este pode ser um estudo impreciso se tomarmos como primeira preocupação defini-las. Então, o que vem a ser uma ONG? Na tentativa de compor um referencial de análise que corresponda ao meu sujeito de estudo, procuro aproximar o máximo possível um conceito que melhor expresse a universalidade dessas organizações. A partir daí, considero importante trabalhar sua história enfocando seu surgimento no Brasil e a forma como esse conceito

---

[33] Sobre o assunto, ver: Raitz (1993), Garrison (2000), dentre outros.

se relaciona à constituição e conceituação do Terceiro Setor. Finalmente, discutirei qual a estratégia política do Banco Mundial ao se apropriar, em ações e discurso, desse campo, propondo e assumindo o financiamento das políticas sociais através das ONGs. Nesse sentido, creio ser profícuo compreender e discutir o processo educativo decorrente dessas relações.

Surgimento e consolidação das ONGs no Brasil: O processo de formação conceitual

No Brasil, num determinado momento coube aos movimentos sociais produzir consensos contra-hegemônicos à ditadura militar, a fim de alicerçar a conquista do Estado. Para isso, era preciso expandir sua base de sustentação diversificando sua militância, os sujeitos e agentes sociais e, assim, constituir frentes amplas de oposição à ditadura e ao regime militar, que perdurou de 1964 a 1985. A tomada do Estado, nesse caso, era vista de forma privilegiada para colocar em prática as reformas. Por isso, aos movimentos sociais e à sociedade civil cabia construir projetos políticos alternativos para realizar mudanças que passavam pelo âmbito do poder estatal.

Assim, no horizonte das reformas do Estado estava localizada a ação dos movimentos sociais, estava a revolução. Ou seja, a possibilidade de uma tomada do Estado pela via democrática e o abandono da luta armada levaram a uma articulação entre a revolução e a reforma. Isso porque, no contexto de disputas em relação a projetos políticos alternativos, observava-se uma certa hegemonia de um pensamento revolucionário.

Desde o fim dos anos 60, a ideia de autogoverno já era um recorrente assunto nas discussões políticas. Nos países industrializados surgiram os mais diversos grupos organizados de pessoas, que, com base na vivência cotidiana compartilhada, começaram a administrar diretamente a vida comunitária com objetivos relativos ao atendimento de necessidades básicas de saúde, educação, moradia e trabalho. Como afirma Carvalho (1995), surgem grupos organizados nas mais diversas partes das cidades, ou seja, são pessoas que têm uma afinidade cotidiana e por isso passam a compartilhar ideias em comum, o que favorece uma forma de administrar a vida comunitária. Com isso, assumem um comportamento político que objetiva ao atendimento de necessidades referentes a saúde, educação, moradia, trabalho, lazer, ou seja, é preciso propor algo que dê conta da lacuna deixada pelo Estado. O que reforça o descrédito na burocracia e na política. Em menos de uma década, esses grupos alcançaram um padrão de organização que os distinguia das entidades políticas e sociais que, até então, haviam sido veículos da participação.

Ao se considerar essa análise fica evidente, portanto, que a atuação das ONGs vem se dando, especialmente, no âmbito das políticas públicas e sociais, onde o Estado se mostra "frágil". Por isso, é fundamentalmente diferente uma ONG que não tem como pretensão operar nas esferas governamentais, propondo-se a articular, especificamente, demandas populares e explicitar conflitos sociais, de uma ONG que se propõe a cumprir a destinação de parceria no campo governamental, estabelecendo uma íntima ligação entre o público e o privado, tornando-se uma organização paraoficial.

Provinda de uma denominação anglo-americana, poderíamos esperar que a mesma tivesse um forte conteúdo positivista (Oliveira, 2002), o que nem sempre se verifica, especialmente no Brasil. Em princípio parece-nos que as ONGs não são estabelecidas por acordos entre os governos e, sim, fazem parte de uma parcela organizada da sociedade civil. Quer dizer, não é possível definir as ONGs a partir de uma mera simplificação do ser autônoma ou do não ser governo, ou mesmo de não participar do Estado. Seu surgimento aponta para a necessidade de a sociedade discutir políticas setoriais para uma parcela majoritária da população, isto é, a classe que vive do trabalho. Porém, ao contrário do que se possa imaginar, o termo ONG não define só organizações comprometidas com os trabalhadores[34] ou que contestam o Estado de forma comprometida com suas lutas. Embora uma parcela tenha surgido com esta marca de classe, algumas sempre foram assistencialistas ou serviram de fachada para instituições e projetos contrários àqueles propósitos.

No Brasil, o termo ONG começa a ser melhor visualizado a partir dos anos 80, principalmente se considerarmos que é nessa década que passamos a viver o processo de abertura política depois do golpe militar de 1964. Porém, é na ECO 1992[35] que o termo ganha grandes proporções devido às ações propositivas dessas organizações e à ampla divulgação da mídia, que passa a apresentar as ONGs como a grande alternativa para as questões sociais. Nesse caso, o termo ONG diz pouco. Porém, considerando especificamente a realidade brasileira, poderemos ter um quadro bem diferente. As ONGs tornaram-se atraentes exatamente por apresentarem-se como uma alternativa a práticas políticas desgastadas, apontando em outras direções.

É possível dizer que as primeiras ONGs estiveram diretamente vinculadas ao contexto desenvolvimentista dos anos que antecede-

---

[34] Como forma de ilustrar essa afirmação e de mostrar a complexidade do tema a ser pesquisado, chamo a atenção para as seguintes matérias: Jornal *Zero Hora* do dia 08/04/2002, Caderno Mundo, que afirma que "a Al-Qaeda é uma ONG e quer destruir o mundo". No mesmo jornal, no dia 30/03/2003, uma reportagem especial traz o seguinte título: "A ONG que está por trás da guerra: uma quase desconhecida ONG americana teve um papel-chave na definição dos planos de guerra dos EUA contra o Iraque".

[35] Conferência da ONU sobre Meio Ambiente e Desenvolvimento, realizada no Rio de Janeiro no ano de 1992. Por outro lado, é preciso lembrar que a partir desse ano o Banco Mundial assume o Fundo Mundial para o Meio Ambiente aprovado na ECO 92, e que se constitui como o principal fundo para o meio ambiente mundial (Soares, 1996).

ram o golpe militar, realizando trabalhos expressivos, desvinculados de governos e sem fins lucrativos, bem como colaborando para o desenvolvimento local das comunidades. Essas políticas envolviam recursos públicos de assistência oficial de uma rede de organizações de cooperação, formada por fundos não governamentais para o desenvolvimento social. Fundos estes que provinham, sobretudo, das igrejas cristãs, principalmente católicas, motivadas pela caridade, por sua missão humanitária, solidariedade e fraternidade, bem como por entidades da sociedade civil, voltadas para propostas de descolonização dos países africanos, asiáticos e também para a redemocratização dos países do Sul, como o caso do Brasil.

Tendo por prisma as ONGs no Brasil, sabe-se que, em sua origem, a grosso modo, estas se formaram ao revés, ou seja, nasceram em contraposição ao Estado autoritário, por isso viveram por algum tempo na clandestinidade. Outra característica é que essas Organizações eram constituídas por membros de partidos e organizações de esquerda. No Brasil, logo quando surgiram as primeiras ONGs, jornais e autoridades do governo publicamente se manifestaram contrários, denunciando-as e mesmo usando argumentos que questionavam sua lisura no uso dos recursos, assim como argumentavam que havia ingerência e interferência de agências estrangeiras em assuntos domésticos.

É interessante notar que as ONGs começam a operar num dos períodos mais obscuros e repressivos da nossa história, com uma clara identidade democrática e uma jamais negada luta pela cidadania. Por outro lado, nesse momento em que vivemos numa propalada democracia formal em seu funcionamento pleno, as ONGs têm-se mostrado vacilantes; parece que perderam sua perspectiva crítica e autonomia, ao mesmo tempo em que se afirmam como parceiras do Estado do qual conseguem escassos recursos à medida que entidades estrangeiras passaram a direcionar sua ajuda para os países pobres do Leste europeu.

É nessa conjuntura que nascem as ONGs. Elas emergem com características substitutivas aos partidos de esquerda e sindicatos amordaçados pela ditadura. Sua marca específica de nascimento está diretamente vinculada à crescente complexidade da sociedade brasileira. Os partidos, até certo ponto, têm de operar considerando as classes e/ou os interesses sociais. Já as ONGs não precisam operar da mesma forma, visto que introduzem na nossa agenda política, imaginária e mesmo material processos e identificações que o aparato ditatorial não pode processar, a necessidade de democracia.

As atuais ONGs, portanto, acompanham um padrão característico da sociedade brasileira, em que o período autoritário convive com a modernização e a diversificação social do país e com a gestação de uma nova sociedade organizada, baseada em práticas e ideários de autonomia em relação ao Estado. Trata-se de um contexto em que sociedade civil tende a se confundir, por si só, com oposição política. Por isso a sociedade civil deve romper com a sociedade política – o Estado e sua ideologia –, para, a partir daí, eliminar a opressão de classe. As ONGs se consolidam na medida em que se forma e fortalece um amplo e diversificado campo de associações na sociedade, a partir, sobretudo, de meados dos anos 70, tendência que caminha em progressão pelas décadas dos anos 80 e 90. Pode-se dizer, então, que as ONGs ocuparam um lugar considerável na construção de forças da esquerda, após o regime ditatorial.

Os anos de ditadura militar levaram ao desaparecimento de várias lideranças ou por morte ou devido ao exílio fora ou dentro do Brasil. É certo que, nesse período, os movimentos sociais tiveram importância fundamental no processo de resistência e derrubada desse regime, pressionando por mais democracia e participação social. Aqueles que se exilaram fora do país tiveram a oportunidade de viver experiências diversas e formas de organização diferentes, como é o caso das ONGs. Após o processo de redemocratização e com o retorno dessas lideranças, foi possível pensar em organizações que tivessem a preocupação de organizar a sociedade civil e tentar resolver os problemas diversos que os anos ditatoriais deixaram de herança.

No Brasil, a luta contra a ditadura terminou com a redemocratização e as palavras de ordem da complexidade e diversidade de movimentos, organizações e manifestações cederam lugar a um reducionismo político-partidário e sindical. A Constituinte admitiu o novo, inscrevendo-o nos termos constitucionais, incorporando diretrizes de gênero, de etnia, meio-ambiente, justamente as que denunciavam a incapacidade sistêmica de lidar com a complexidade e com a indefectível contradição entre a mercadoria, como idêntica a si mesma e como diferença.

O significado da atuação de uma ONG, no Brasil, varia entre a prestação de serviços, a formação política de quadros e práticas de assessoria aos Movimentos Sociais, bem como a elaboração e análise de políticas públicas. Isso dificulta a definição de um conceito central de ONG, devido às suas características heterogêneas. Dessa forma, procuro, na medida do possível, fazer uma retrospectiva histórica que permita focalizar, com maior precisão e visibilidade, um conceito que possa aproximar-me com mais rigor do tema pesquisado. Para isso, recorro aos anos 60 e 70 como forma de rever perspectivas históricas nacionais e o início do aparecimento desse fenômeno, compreendendo o chamado período de "desenvolvimentismo"; em seguida, recorro à década de 1980, como momento de reagrupamento e rearticulação de diversas ONGs, principalmente com o retorno de vários exilados políticos ao país; e, por fim, à década de 1990, quando o país incorpora o processo de re-estruturação do capitalismo, este se metamorfoseia e tem no neoliberalismo sua perspectiva de sustentação e crescimento.

Embora o conhecimento a respeito das ONGs no Brasil cresça a cada dia, ainda não existem informações ou dados suficientes e precisos que considerem seus números ou mesmo quais atividades exercem. Há uma certa unanimidade quanto ao aparecimento das ONGs em nosso país no final dos anos 60, assumindo maior visibilidade nos anos 70. Como não poderia deixar de ser, sua expressão é norte-americana, e, como afirma Oliveira (2002), de tradição liberal. O mais interessante é o fato de que essas organizações tenham sido criadas num momento completamente desfavorável ao aparecimento de qualquer organização de caráter político-social, devido ao período repressivo, e por terem representado uma clara perspectiva democrática que se contrapunha à ditadura. Este quadro se reconfigura na década de 1980.

Num contexto mais ampliado, o surgimento das ONGs é a referência principal no contexto internacional das organizações de caráter internacional, que surgem após a Segunda Guerra Mundial e que visam estabelecer espaços institucionalizados, capazes de garantir a paz entre as nações, através do diálogo e da cooperação econômica. Sendo que essa cooperação se daria através da re-estruturação dos países que, nas guerras, haviam sido perdedores, adotando medidas de combate à pobreza num primeiro momento. Assim, esses programas se propunham a estabelecer a paz e, dessa maneira, estender o modelo democrático e o desenvolvimento capitalista para os países destruídos pelas guerras, bem como para as nações aliadas, fundamentalmente do terceiro mundo, que se encontravam em estágio anterior e inferior de progresso e desenvolvimento capitalista.

São esses alguns dos fatores que levam à aparição da expressão ONG, que têm como pano de fundo a ideologia e a prática social denominadas desenvolvimento de comunidades, as quais pautaram as relações políticas de cooperação e de dominação dos países ricos sobre os países pobres no Ocidente capitalista. Há possibilidade de intervir em comunidades tradicionais, através de organizações não-estatais, de caráter privado, buscando imprimir valores e hábitos comportamentais "modernos"; assim essa nova possibilidade de trabalho aliada à extrema pobreza, e mesmo ao desemprego, ganhou muitos adeptos nos países pobres.

As ONGs surgem, portanto, como entidades privadas sem fins lucrativos, tendo por objetivo principal a implementação de políticas desenvolvimentistas, abrangendo instituições que atuavam através de projetos de desenvolvimento local e privilegiando áreas carentes.

Segundo Oliveira (2002), as ONGs emergem dentro e a partir de uma nova complexidade da sociedade. Pode-se dizer que ocupam um lugar a partir do qual podem falar de uma nova experiência, onde não podia falar o Estado, onde não podia falar a Academia, onde só podia falar uma experiência militante, o chamado "trabalho de base".

Pode-se afirmar, então, que as ONGs brasileiras são o resultado de um nível sem precedentes de efervescência social, processo que começou a se consolidar pelas Comunidades Eclesiais de Base (CEBs), Associações de Pequenos Produtores, Cooperativas Rurais e Associações de Bairros, que se espalharam por todo o país. A maior parte das ONGs foram criadas para responder demandas provenientes da base, como cursos de organização comunitária, treinamento especializado, assistência técnica e análise de políticas públicas. Outras nasceram da necessidade de engajamento nos grandes temas da sociedade brasileira, como o aumento da pobreza, a ineficácia de políticas sociais do governo e o processo de abertura política.

Uma parte expressiva dessas organizações, em alguns momentos, é levada a alinhar-se às políticas do Estado, a partidos políticos e sindicatos. Porém, muitas vezes, suas linhas de ação procuram ser autônomas e independentes em relação às políticas governamentais, ou seja, o poder social passa a ser visto como alternativo ao poder político, considerado, em grande parte, como incapaz de resolver as demandas sociais. Por isso, as ONGs não só se generalizam como passam a determinar a agenda das políticas públicas e as demandas sociais. As ONGs, de modo geral, foram criadas por lideranças fortes e independentes. Algumas foram criadas por antigos líderes comunitários que buscaram refúgio institucional na Igreja Católica durante o período de repressão generalizada. Eram intelectuais que repudiavam as restrições burocráticas e eram militantes de partidos políticos. Muitos deles estavam apenas retornando do exílio, graças ao movimento pela anistia, no final da década dos anos 70. O que todos tinham em comum era o desejo de criar um espaço institucional novo e autônomo, que lhes permitisse prestar serviços diretamente às populações de baixa renda, e, ao mesmo tempo, garantir um alto grau de profissionalismo e conteúdo técnico a estas atividades.

Na verdade, tratava-se de restaurar os direitos civis e políticos que haviam sido cassados pelo golpe militar, fazer avançar e consolidar a reconquista dos direitos políticos e sociais. O que movia de fato esses sujeitos sociais era a crença de que, através da mobilização, os movimentos sociais conseguiriam conquistar e garantir direitos, ou seja: a cidadania, a democracia e a melhoria das condições de vida dos trabalhadores, a recomposição das perdas salariais e a proteção ao trabalho seriam parte indissociável desses ganhos. Dessa forma, a conquista do Estado permitiria uma regulamentação do trabalho que fosse favorável aos trabalhadores, garantindo condições dignas de vida e incorporação de uma série de benefícios e conquistas sociais que não estariam mais submetidas à lógica do mercado na relação capital e trabalho.

Neste contexto de mudanças, a partir da crise de legitimidade do regime militar, os movimentos sociais se apresentaram como os legítimos sujeitos de uma transformação social que poderia vir a restabelecer a confiança e as garantias dos trabalhadores. É neste mesmo período, dentro deste contexto forjado pelas lutas dos movimentos sociais, que surgem as ONGs. Primeiramente, aparecem como um serviço de apoio às iniciativas que buscam articular uma alternativa ao regime militar. Devido a não terem uma identidade definida ou um nome que as identificasse ficavam na sombra de duas importantes instituições: as universidades e as igrejas. Ganham visibilidade nos anos 80, momento em que passam a estruturar uma série de atividades de assessoria aos movimentos sociais no campo da educação popular, através de cursos de formação política, jurídica e na defesa dos direitos dos trabalhadores.

Se o objetivo maior era o desenvolvimento social e se os sujeitos privilegiados eram os movimentos sociais, cabia às ONGs a tarefa de formar e capacitar quadros para realizar a missão histórica desses movimentos, ou seja: a conquista do Estado pela via democrática a fim de realizar as reformas sociais e políticas necessárias. Assim, as ONGs brasileiras vão organizar-se levando em consideração as demandas dos movimentos sociais. Neste sentido, a anistia, forjada por intensos movimentos de caráter interno e externo, proporcionou a volta dos exilados políticos, que foram de suma importância na construção e desenvolvimento das ONGs.

Há um consenso quanto à data de nascimento dessas organizações no Brasil, que é demarcada pelo período da ditadura militar, oriunda do golpe de Estado do ano de 1964. Porém, é a partir dos anos 70 que começa a surgir, com um pouco mais de intensidade, esse tipo de organização caracterizada como não sendo nem empresarial, nem estatal, por isso filantrópica e sem fins lucrativos.

No caso brasileiro, as ONGs surgem com uma forte tradição religiosa, como é o caso da FASE, meu sujeito/objeto de estudo, que tem como preocupação a educação popular. Nesse momento, é preciso situar o motivo desta vinculação à Igreja, um dos canais de autoexpressão popular, que, na época, se articulava com a força das CEBs, garantindo independência e oposição ao regime militar.

A maioria das ONGs brasileiras nasce entre as décadas de 60 e 80 e se caracteriza por uma existência quase clandestina, ligadas ao movimento social de base, às igrejas, aos movimentos sindicais e populares executando tarefas fundamentalmente nas áreas de saúde, educação, habitação, organização, assessoria e consultoria a esses movimentos chamados populares. Dados os limites ao desenvolvimento da vida democrática no conjunto da sociedade, as ONGs desenvolvem pequenos projetos, apoiam os movimentos de resistência, compartem a clandestinidade de muitos deles, não têm acesso ao meio de comunicação de massa e nem aos recursos governamentais. Vivem e sobrevivem graças a solidariedade internacional a chamada cooperação internacional para o desenvolvimento (Souza, 1992: 141).

Nesse caso, acredito que as ONGs nascem com um propósito classista, ou seja, era preciso derrotar o capitalismo e implementar uma nova estrutura social – mesmo que esse discurso pareça ingênuo, ou mais brando – que as colocasse ao lado dos oprimidos, apresentando um socialismo mais cristão, trazendo como base as teorias de Marx, Lênin, Gramsci, que impregnavam a chamada teologia da libertação (Löwy, 1991).

As ONGs surgem com a força dos movimentos sociais e com a força daqueles que retornaram do exílio, juntamente com aqueles que ficaram na resistência interna e com um grande poder de articulação para conseguir recursos visando desenvolver projetos diferenciados socialmente do Estado.

No ano de 1988 o Instituto de Estudos da Religião (ISER) catalogou cerca de 1.041 ONGs e, no ano de 1991, quase 3.000 (Assunção, 1998). No ano de 1994, a Revista Veja (in Garrison, 2000) publicou a existência de um quantitativo aproximado de 5.000 ONGs no Brasil. A partir dessa quantificação imprecisa, calculou--se também que as ONGs movimentam um volume de recursos de aproximadamente 700 milhões de dólares por ano. Há, também, um levantamento publicado no ano de 1996, pelo Fundo Mundial para a

Conservação da Natureza (WWF), e um mais recente, da ABONG, do ano de 2002, que quantifica as ONGs associadas e qualifica seu trabalho, mas de qualquer forma esse catálogo não consegue precisar o tamanho desse setor.

O levantamento feito pela ABONG, no ano de 1996, mostrou que aproximadamente 60% das mais importantes 143 ONGs do país foram criadas a partir do ano de 1985, sendo que, destas, em torno de 15% a partir dos anos de 1990. Por outro lado, somente 21% das ONGs têm mais de 20 anos. Já a pesquisa do WWF constatou que cerca de 39% das ONGs que trabalham com questões de meio ambiente existem há cerca de 10 anos, sendo que a grande maioria foi criada por ocasião da ECO 92 (Garrison, 2000).

Numa outra perspectiva, pode-se dizer, assim como Steil (2001), que algumas ONGs aparecem a partir de 1972, quando da edição da I Conferência sobre o Meio Ambiente da ONU, ocorrida em Estocolmo, na Suécia. Podemos afirmar, então, que desde os anos 70, mais precisamente, temos ONGs trabalhando com questões referentes ao desenvolvimento social, cidadania, pobreza, meio ambiente etc.

O objetivo, então, dessas Organizações parecia ser o de manter um padrão de qualidade e de serviços que as diferenciasse do Estado, assumindo um forte laço com os movimentos sociais. Com isso, procuravam responder a uma demanda que os governos, de modo geral, e a iniciativa privada, em particular, mostravam-se incapazes de resolver. Assim, surge uma série de organizações políticas alternativas em contraposição à burocracia estatal e privada. Embora as ONGs representem um dos segmentos de menor porte, são as que têm maior visibilidade na sociedade.

Desse modo, as ONGs ganharam reconhecimento, enquanto organizações da sociedade civil, com posições sociais e papéis análogos no Brasil. Esse reconhecimento vem constituindo-se no decorrer dos anos 80, com base em realizações por um conjunto de militantes, agentes e entidades facilmente identificáveis do ponto de vista sociológico, na afirmação de uma identidade comum e na produção de concepções, práticas e instâncias específicas de legitimidade.

Outro aspecto interessante na recente trajetória das ONGs foi que nasceram e prosperaram sob condições adversas na sociedade. Enquanto algumas foram criadas em meio a um clima político proscrito, na vigência do regime militar, a maior parte proliferou durante a década de 1980, que ficou conhecida como "a década perdida", dada a estagnação econômica e a deterioração das condições sociais. As ONGs cresceram tanto em termos numéricos quanto em termos institucionais durante este período de crise social. Pode-se analisar que esse crescimento foi resultado do vazio político na esfera governamental, devido às suas "limitações orçamentárias". É curioso notar também que, enquanto todos os indicadores econômicos apresentavam queda durante os anos 80, o orçamento das ONGs, em dólares, era crescente e automaticamente beneficiado pela desvalorização da moeda nacional.

Nesse contexto, passa a ganhar força a construção de um novo tipo de sociabilidade, que propunha a descentralização na execução de políticas públicas e sociais, no intuito de buscar maior participação da população na formulação de programas e projetos, que seriam executados com maior grau de autonomia e, ao mesmo tempo, voltados para políticas públicas localizadas. Creio que esse é um cenário interessante para pensarmos e avaliarmos o papel das ONGs.

No plano político, por exemplo, a direita apropriou-se do termo reforma, antes apenas utilizado pelas forças políticas de esquerda e radical, isso devido ao entendimento da concepção socialista de que a miséria, como último grau de humilhação da humanidade, era um desafio a ser enfrentado. Porém, para o pensamento econômico liberal, a miséria, bem como o desemprego, são questões abstratas, vistas apenas como estratos estatísticos.

Em alguns momentos, como foi falado anteriormente, as ONGs estiveram referidas, fundamentalmente, às igrejas cristãs, principalmente a católica, visto que foi nesse e desse meio que surgiram as mais diversas formas de trabalho social, além de lideranças engajadas nesse trabalho. Porém, segundo Souza (1992), as ONGs dos países do Norte foram sempre mais solidárias e universalistas que as instituições oficiais. Ao serem capazes de ver a cara humana ou desumana do desenvolvimento capitalista, foram capazes também de perceber suas consequências.

Nesse sentido, é preciso compreender, como salienta Dias, que:

> O Estado, a democracia e a cidadania, fetiches constituidores da institucionalidade capitalista, são destituídos de sua marca classista e vividos como universais. Na fase imperialista do Estado não bastava a aparência do Estado guarda noturno, do mero garantidor dos contratos desiguais. Para realizar esse processo absolutamente imprescindível a realização do bloco histórico capitalista ele transformou-se. Variou historicamente do fascismo ao welfare state, ao *new deal* ele ganhou novas determinações e novos intelectuais (cf. as grandes instituições financeiras internacionais como o FMI e o Banco Mundial, as reformas neoliberais do Estado etc.) necessárias à implementação do sentido e da direção das classes dominantes a partir das quais as classes subalternas (e suas necessidades) são incorporadas subsumidas (Dias, 2002: 131).

Nos países considerados de primeiro mundo, as ONGs conviveram e sentiram as consequências do capitalismo, que se apresentava em sua forma "civilizada", como o liberalismo e o social liberalismo. Enquanto isso, nos países considerados de terceira categoria, ou de terceiro mundo, convivemos com as ditaduras militares e os autoritarismos de todo tipo, por isso as ONGs foram mais contragovernamentais do que não governamentais, até porque sentiram com mais intensidade o acirramento das contradições entre o capital e o trabalho. Por isso, viveram à margem, no refluxo da ordem. Ou seja, as ONGs, durante algum tempo, viveram – e ainda sobrevivem

– graças à solidariedade internacional. Entidades de caráter social e/ou assistencial, vinculadas a igrejas cristãs, repassam recursos mobilizados por razões humanitárias ou oferecidos pelos governos dos seus países, pressionados pelo sentimento de culpa de quem se enriquece graças às desigualdades internacionais (Souza, 1992).

Fica parecendo, então, que o objetivo oculto do surgimento das ONGs era o de impedir a constituição política e ideológica da classe que vive do trabalho, a fim de perpetuar os detentores dos meios de produção, socializando pontualmente o consumo de alguns bens e deixando intocável a esfera da produção, cerne do sistema capitalista. As ações daqueles que vivem da venda de sua força de trabalho ficariam, assim, reduzidas à agenda da burguesia. Essa também pode ser uma leitura das ONGs. Mesmo assim, as ONGs e suas relações internacionais se constituíram num importante setor de políticas sociais para colocar a sociedade brasileira em sintonia com as novas complexidades e seus paradigmas, num primeiro momento.

Com o advento do processo de redemocratização, no final da década de 1970, mais uma vez as ONGs puderam desenvolver-se livremente, desta vez encontrando um sólo fértil para proliferar. Assim, constituem-se em importantes sujeitos no movimento pela democracia, que pressionava pela anistia e abertura política. Já no início dos anos 80, as ONGs puderam estabelecer-se livremente e trabalhar junto às suas bases comunitárias. Em meados dos anos 80, já estavam atuando no âmbito das políticas públicas, com tentativas de influenciar políticas em áreas diversas, como dívida externa, reforma agrária e direitos humanos. Ou seja, as ONGs no Brasil foram importantes catalisadoras das demandas que advinham de uma crescente organização dos movimentos sociais, especialmente dos sindicatos.

As ONGs se constituíram como um dos principais canais de expressão das demandas populares, nos anos 70, quando ainda vivíamos sob a batuta da ditadura militar; naquele momento sua atuação foi importante para criar no imaginário coletivo a necessidade da democracia e ampliar os canais de participação popular. Já no final dos anos 80, as ONGs passam a prestar serviços aos movimentos sociais, diferenciando-se de movimentos assistencialistas, de caridade, e chamando para discussões sobre questões políticas e econômicas. Em seguida, porém, começam a render-se aos chamados do Estado e passam a desempenhar um papel assistencial na medida em que assumem o discurso de um Estado pesado, ineficiente e incapaz, passando a reivindicar maior acesso aos fundos públicos. Por conseguinte, parecem pretender substituí-lo na execução de políticas públicas e sociais.

Assim, nos anos 80, aparecem ONGs com as mais diversas preocupações e especificidades, sejam no campo étnico, de gênero, da ecologia, dos(as) meninos(as) e adolescentes em situação de risco etc. Portanto, é preciso considerar que essas organizações estão em constantes mudanças. Por isso a necessidade de apontar minimamente algumas de suas características. Dessa forma, é necessário considerar as dificuldades de estudar um objeto que sofre alterações ou mesmo intervenções conjunturais e/ou estruturais permanentes.

Como vimos nos anos 80, surgem ONGs de forma bastante incipiente, mas com um nome que representava a coletividade e passando a designar um campo de atuação, no qual antigos militantes de esquerda vão encontrar sua inserção profissional e ser reconhecidos como tal. Segundo Assunção (1993), o Encontro Nacional dos Centros de Promoção Brasileiro, realizado no Rio de Janeiro no ano de 1986, é que ratificou o nome ONG, evento que teve a participação de trinta entidades nacionais e três agências internacionais convidadas.

Embora a história das ONGs seja relativamente recente, nota-se que a sua evolução foi marcada por diversas e diferentes etapas. No final da década de 1970 e início da década de 1980, muitas das lideranças e muitos dos ativistas das ONGs não acreditavam na legitimidade do trabalho dessas organizações como entidades capazes de ser independentes do Estado. Isso devido ao fato de a maioria das ONGs terem nascido na semiclandestinidade, no auge do regime militar e em um momento de grande repressão política; elas não se identificavam como um setor "não governamental" independente e de caráter permanente, e, sim, como parte da luta socialista. Nessa perspectiva, os ativistas das ONGs acreditavam que não haveria mais necessidade de um setor independente para fiscalizar e ser "a voz dos quem não têm voz" perante o Estado.

Na atualidade, ao contrário das críticas sofridas, as ONGs são frequentemente elogiadas, embora ainda haja casos recorrentes de artigos na imprensa mencionando supostas irregularidades cometidas. Outra indicação da crescente visibilidade das ONGs é o aumento no número de estudos sobre essas organizações. Isso por que não se pode deixar de admitir a importância estratégica que elas têm tido na história recente do Brasil no âmbito das políticas públicas e sociais.

Nos anos 90, as ONGs ganham grande representatividade na sociedade; várias delas assumem uma identidade como organizações de pesquisa e intervenção na realidade (por meio da elaboração de planos, projetos, campanhas etc). Uma clara evidência deste novo senso de identificação deu-se com a criação, em 1991, da Associação Brasileira de ONGs (ABONG), que proporcionou uma profunda re-estruturação organizacional das principais ONGs, quase sempre significando a introdução de instrumentos de planejamento estratégico e de mecanismos de avaliação, assim como a definição mais clara dos programas de trabalho e prioridades institucionais. Ao invés de permanecerem como um *balcão de serviços* ou simplesmente responderem à demanda por serviços provenientes das bases, as ONGs começaram a aprimorar sua especialização técnica, a identificar melhor seus grupos beneficiários e a deixar as tarefas de organização comunitária para as próprias associações comunitárias ou Movimentos Sociais.

Desde os finais da década de 1970, com mais força na década de 1980, o cenário internacional aponta para a falência do Estado de Bem-Estar Social. Os países desenvolvidos reconhecem a crise devido a seus graves problemas administrativo-financeiros (crise fiscal). E, ao reconhecer tais problemas, a partir da aguda crise econômica dos países capitalistas centrais, entra em declínio essa forma de fazer política social. Isso porque a finalidade precípua do Estado de Bem-Estar Social era a de perpetuar a forma hegemônica de organização das relações sociais de produção, reduzindo contradições e conflitos e individualizando as relações com os trabalhadores. Procurava, dessa forma, fragmentar as lutas, fragilizar as entidades representativas dos trabalhadores e dissolver ideologicamente as classes sociais. O desmantelamento gradativo do Estado do Bem-Estar Social acarretou a redução na oferta de empregos e a queda da massa salarial que sustentava a base de financiamento do sistema. A crise econômica assim instaurada leva ao aparecimento, com mais intensidade, da crise social que era amenizada pelas políticas implementadas pelo Estado de Bem-Estar Social. Contraditoriamente, mantém-se a perspectiva ideológica que apresenta o capitalismo com a única via possível, o que é reforçado pela queda do Muro de Berlim (1989) e pela desestruturação da União das Repúblicas Socialistas Soviéticas (URSS) no ano de 1991.

A trajetória das ONGs, aqui resumidamente reconstituída, mostra que estas, ao se fundirem com o público estatal, perderam sua autonomia e independência, comprometendo sua capacidade reivindicatória, crítica e de mobilização para a transformação social. Enfim, de entidades que surgiram com forte conteúdo crítico e apoiando as reivindicações populares, as ONGs passam a fazer parte da estrutura ideológica do Estado na medida em que se comprometem com a prestação de serviços assistenciais. O que compromete o poder original destas organizações, constituído de sua função política, cedendo lugar a uma forma de poder conjugado com os interesses do capital, característica predominante no cenário atual. Ou seja, ganha força a terceirização das políticas públicas e sociais pela substituição do Estado do Bem-Estar Social, em benefício do mercado, consolidando o novo processo de acumulação.

Na verdade, o Estado declara não dispor de recursos para cumprir metas universalizantes de políticas públicas, isso porque o capitalismo apresenta suas políticas de forma pseudouniversalizante como estratégia de dominação de classe. Desse modo, governos federal, estaduais e municipais criam possibilidades de parcerias com os setores não governamentais, para que suas políticas sejam levadas a cabo a fim de multiplicar os pães aos olhos dos famintos. Difunde-se, então, o discurso – tornado "senso comum" – de que as ONGs produzem muito com poucos recursos. Com isso os trabalhadores dessas organizações começam a sofrer um avassalador processo de exploração que confunde cidadania, militância, autogestão e compromisso político. Esse fetiche oculta o papel que essas organizações desempenham no processo de reprodução do capital, em sua fase de acumulação flexível. O Estado, nessa lógica, é pensado como agência reguladora dos serviços prestados pelas ONGs e distribuidor dos fundos públicos, que sustentam tais serviços.

As transformações sociais, econômicas e políticas que estão acontecendo no mundo exigem novas formas de implementação e avaliação das práticas de intervenção social, tanto no âmbito do Estado quanto no da sociedade civil. Nesse sentido, podem-se destacar as importantes mudanças que vêm ocorrendo na definição das funções do Estado, que decorrem de "novos" modelos relativos às políticas públicas, os quais se expressam através de conceitos como participação, parceria e projeto. Isso vem transformando e redefinindo as funções do Estado e exigindo, do setor público, modos de encontrar alternativas de qualificação de seus trabalhadores a fim de adequá-los às exigências das novas carreiras que vêm sendo criadas e das novas estratégias para garantir acesso aos recursos disponíveis ou enquadrá-los nelas.

As ONGs passaram a admitir a administração do possível com vistas à diminuição da pobreza, pressionadas por todos os lados, desde a vitória semântica da direita até as promessas do Banco Mundial e dos fundos internacionais de organizações, como: Ford, Novib, Oxfam e inúmeras outras. Porém, a partir dessa nova articulação entre ONGs e esses diversos fundos, pode-se perceber seu envolvimento numa cultura reducionista, passando essas organizações a sofrer de uma incômoda consciência de terem sido cooptadas e envolvidas numa trama que reforça o discurso do Estado mínimo. Dessa forma, as ONGs passam a admitir que o Estado não necessita ser desmontado institucionalmente, mas sim pulverizadas suas políticas públicas e sociais (Oliveira, 2002).

Para alguns, as ONGs são motores de transformação social, uma nova forma de fazer política. Para outros, um campo propício às ações do neoliberalismo que busca repassar suas responsabilidades sociais para o campo da sociedade civil. Dois extremos de posições entre um conjunto de outras, que podem corresponder, qualquer uma delas, à realidade de uma ou de outra ONG, dentro do seu universo total. Porém, nesse contexto creio que seja imprescindível considerar o fato de que a teoria liberal é, e sempre será, um instrumento de sustentação do discurso da classe dominante e uma estratégia para legitimar suas práticas.

Então, uma das questões que fica é se as ONGs vão se restringir a cumprir o papel que vêm sendo chamadas a desempenhar socialmente – ou *pelo* ou *no lugar do* Estado – ou se serão capazes de ir além da compreensão dos desafios impostos à classe que vive do trabalho pelo capitalismo. É certo que a realidade é cada vez mais complexa, principalmente se considerarmos a volatilidade e a virtualidade do capital. Mas será que tudo está restrito aos ditames do mercado? É preciso estar atentos às imposições neoliberais, pois, apesar de apresentarem uma certa exaustão, logo podem metamorfosear-se num próximo suspiro do capital; por isso, a pobreza, segundo a lógica do mercado, deve ser bem administrada. Será, então, que as ONGs devem render-se a essa nova complexidade do capital para satisfazê-lo e colaborar com o capitalismo a fim de reduzir os conflitos que provêm da relação de exploração entre capital e trabalho?

Na perspectiva dos novos donos do mundo – verdadeiros serviçais de um sistema que, encarna a própria dominação e, por isso mesmo, funciona sempre a favor dos dominantes de turno –, a re-estruturação gerencial do Estado, desencadeada pela privatização inapelável de todas as funções nas quais não demonstra dispor de uma vantagem comparativa relevante, nada tem a ver com a fantasia paleoliberal de um governo reduzido ao mínimo denominador de sua vocação coercitiva e garantidora do bom andamento dos negócios privados, de resto sempre reafirmada em qualquer circunstância histórica. A primazia absoluta dos mercados requer, ao contrário, um Estado forte: no jargão do Banco Mundial, um Estado atuante, não mais um provedor, porém um "parceiro" facilitador e regulador. Quer dizer: trata-se de fato de um Estado mais forte do que nunca, na medida em que lhe cabe gerir e legitimar no espaço nacional as exigências do capitalismo global: assim, a força do Estado, que, no período de compromisso keynesiano, consistiu em sua capacidade de promover regulações e prestações não mercantis, converteu-se numa outra, o poder de submeter as normas da reprodução social à lógica do dinheiro, coisa que o mercado por si só está longe de poder fazer sem correr o risco da ingovernabilidade.

De uma forma ou de outra, queiramos ou não, é para isso que as ONGs estão sendo agora convocadas nesse momento. Como afirma Garrison (2000), elas devem sair do confronto que deu início à sua aparição e tornarem-se parceiras, colaboradoras do Estado.

Não podemos perder de vista que o capital constitui-se numa relação social. Assim, um organismo multilateral que o encarna, o Banco Mundial, com a pseudo preocupação de ajudar os países pobres, chama as ONGs para decifrar uma complexidade avassaladora. Não se pode esquecer que aquela relação social reproduz-se em todas as esferas, principalmente se considerarmos o capital virtual comandando todas as operações do capital livre, o que é identificado por Chesnais (1997) como "financeirização" do capital. Ou seja, pode-se dizer que as ONGs estão imersas nesse movimento e para saírem desse emaranhado será preciso construir soluções críticas a partir de novos conceitos e perspectivas sociais.

O crescimento e diversificação das ONGs aparecem como naturais à medida do crescimento da miséria nacional, por isso não podem ser dissociadas do contexto econômico, social e político. Em termos econômicos, como mostrado no capítulo anterior, observa-se um aprofundamento da crise no país, produzida pelo aumento da dívida interna e externa e pelo esgotamento do modelo de acumulação capitalista, que vai, a todo momento, acionar mecanismos para se sobrepor à autonomia e soberania dos Estados do terceiro mundo, enrijecidos pelos sucessivos acordos firmados com o FMI, que impõe cada vez mais restrições ao crescimento e desenvolvimento nacional, a serviço das nações hegemônicas.

Na esteira das privatizações das empresas estatais, um dos pilares do desenvolvimento capitalista dos anos 70 e 80 no país, assiste-se ao repasse, para a iniciativa privada, de serviços de saúde, educação, alimentação, transporte etc., que eram até então vistos como dever do Estado e direito dos cidadãos. Interessante frisar, como anteriormente, que nesse processo estão envolvidas ONGs conformadas dentro de uma outra lógica, a de buscar legitimar-se na ideologia neoliberal e contribuir para uma extensa reforma do Estado em seu sentido mais amplo de desregulamentação total das garantias e direitos sociais. Em seu novo discurso, as ONGs abandonam a contestação e o enfrentamento do conflito para se tornarem parceiras do Estado, colocando-se, dessa forma, a favor do capital, que lhes concede uma fatia significativa de suas atribuições, de modo a alargar o campo lucrativo do mercado. Na verdade, o que existe é uma recolonização social e do social pelo mercado, monetarizando serviços e instituições públicas. Ou seja, a lógica capitalista de expansão de mercado e exclusão de pessoas adentra as entranhas do Estado, por um lado, e das ONGs, por outro, transformando bens e serviços públicos em mercadorias de disputas constantes. É essa lógica que vai "naturalizar" a culpa e a visão de que todos têm que pagar pelos bens e serviços sociais e assumir o *mea culpa*, o que revela uma contraposição aos princípios básicos da democracia burguesa de igualdade, liberdade e fraternidade.

Assim, sem um projeto político de políticas públicas sociais, os governos democráticos, tanto os de esquerda social liberal quanto os de direita, promovem reformas através das quais a desregulamentação de direitos sociais dos trabalhadores é um importante e decisivo passo para a acumulação do capital. Todo esse processo vem acompanhado de ameaças que se tornam reais, criadas e manipuladas pelos grandes organismos financeiros internacionais. São elas: o desemprego, o confisco dos salários dos trabalhadores através da inflação e a retirada "legal" de direitos sociais historicamente conquistados, que levam parcelas majoritárias da população a apoiar e legitimar, através de eleição e re-eleição, governantes que não só se submetem, mas que são parte desse jogo, principalmente do sistema financeiro, e assim promovem políticas contrárias às necessidades populares, restringindo cada vez mais seus direitos sociais.

Juntamente com esse movimento de desresponsabilização do Estado pela condução do processo político, assistimos a uma redefinição do público estatal e ao fortalecimento das instâncias privadas da sociedade. Esta redefinição, contudo, vem sendo produzida não apenas a partir da incapacidade dos Estados nacionais contemporâneos de responderem às expectativas de seus cidadãos, mas devido à própria ordem internacional dos organismos multilaterais que estabelecem relações e acordos entre sujeitos de *status* políticos diferentes.

Assim, ao recorrer a empréstimos junto ao FMI ou ao Banco Mundial ou ao BID, o Brasil perde sua condição de igualdade com outros países e aprofunda sua situação de dependência. Por outro lado, esses mesmos organismos internacionais cada vez mais buscam estabelecer parcerias com organizações da sociedade civil, sem passar, necessariamente, pela mediação do Estado – e, mesmo quando passam, atribuem-lhe um papel meramente de avalizador desses repasses na forma de empréstimo.

A "novidade", em relação às ONGs atuais, está no fato de muitas delas assumirem, contra as instituições públicas, o discurso de que o Estado é incapaz de desenvolver políticas sociais. Com isso, as ONGs retiram do Estado sua função pública e terceirizam seus mediadores na sociedade. Nesse processo de "inovação", conhecido pelo nome de projeto, parte significativa da responsabilidade social do Estado é repassada, terceirizada para as ONGs. Os fundos públicos passam a ser transferidos para as instituições privadas, "porém públicas", como diria Fernandes (1994), ironicamente.

Segundo essa argumentação, as ONGs passam a ser vistas como organizações que podem ser mais bem sucedidas na solução dos problemas sociais devido a falhas do Estado ou do mercado. Elas suprem a sociedade de determinados bens e serviços que o Estado, na verdade, deveria suprir. Nesse sentido, as ONGs realizam atividades e serviços, por exemplo, no âmbito do ensino fundamental e médio ou de serviços médicos em geral, que, em realidade, são obrigações do Estado.

O que de fato está em jogo é a "eficácia" e a "eficiência" dos resultados quantitativos, através dos projetos e seus "resultados", para se definirem ou redefinirem os critérios de inclusão social através das ONGs, legitimadas pela influência de organismos financiadores multilaterais. Nessa fase, o discurso e as práticas das ONGs acabam por legitimar, tornando senso comum, a ideologia neoliberal de que o Estado é pesado e ineficaz na oferta e execução de serviços públicos.

Desse modo, nas palavras de Steil (2001), assistimos, nos anos 90, a junção de dois processos que geram um perigoso movimento para as ONGs, ou seja: a valorização das ONGs por um lado e desvalorização do Estado, por outro, com um agravante significativo, pois que surge uma arriscada e perigosa demanda às ONG a fim de ocuparem de fato o lugar de agentes da regulação social, substituindo o Estado. Mesmo entrando no jogo social e político como parceiras do Estado e dos demais sujeitos que protagonizam o processo social, nesse momento, é importante frisar que as ONGs não são capazes de sustentar políticas públicas universais e que está fora de sua alçada saldar a enorme dívida social do país com os trabalhadores.

É na qualidade de parceiras mediadoras dos conflitos entre a sociedade e o Estado que as ONGs vão deslocar suas ações junto aos Movimentos Sociais. Já não se trata de potencializar a ação dos setores organizados da sociedade civil ou de apoiar suas reivindicações e as lutas populares, mas de inserir-se nas causas de abrangência nacional, como o caso emblemático da fome. Sem dúvida, a campanha de "Ação da Cidadania, Contra a Fome e a Miséria", lançada pelo Betinho, representa um marco neste deslocamento que vinha ocorrendo nas mobilizações organizadas por ações em torno de redes de trabalho e experiências concretas, por meio de várias parcerias e interações" (Gohn, 1997: 21).

Assim, se as palavras que caracterizavam a relação entre movimentos sociais e ONGs, nos anos 80, foram assessoria e militância, nos anos 90, são parceria, prestação de serviços, voluntariado e redes de movimentos (Sherer-Warren, 1993; 1999).

Esse momento de mudanças de rumo nas políticas públicas e sociais está diretamente relacionado com as mudanças que ocorrem na sociedade capitalista. As ONGs assumem, em oposição à ênfase no trabalho que predominou na década dos anos de 1980, a cidadania e a ética, com o objetivo de mobilizar um espectro muito plural de instituições e organizações da sociedade em favor da vida e contra a violência e a corrupção. Neste sentido, as ONGs vão fomentar grandes movimentos nacionais em torno de "articulações difusas em termos de classes sociais, interesses locais e nacionais, espaços públicos e privados, deslocando o eixo das reivindicações do plano econômico e dos direitos sociais", que caracterizou a ação dos movimentos sociais (Gohn, 1997). Para levarem em frente essas lutas não são mais necessários militantes com consciência de classe e imbuídos de racionalidade política e estratégica, mas de voluntários engajados na intervenção social, mobilizando recursos do fundo público. Caracteriza-se, aqui, com cada vez mais vigor, a perspectiva dos Novos Movimentos Sociais, como espaço de atuação da ideologia neoliberal.

Assim, é em nome da responsabilidade social e da ética na gestão do público que as ONGs se colocam fora dos conflitos de classe e se inserem na malha burocrática do Estado,[36] permeada por mecanismos reprodutores de corrupção e opressão social.

Ainda é preciso considerar que, no cenário dos anos 90, o surgimento da ABONG dá uma significativa inflexão para a autonomia, passando a representar uma extensa rede de Organizações Não Governamentais. Se, por um lado, este órgão de representação surge para fortalecer a ação das ONGs na sociedade, por outro, vai caber-lhe,

---

[36] "Preenchendo um vazio deixado pelo Estado, as organizações não-governamentais (ONGs) mostram-se mais eficientes, em alguns casos, no apoio e na proteção de crianças e adolescentes em situação de vulnerabilidade" (FERNANDES, Carina. ONGs preenchem papel do Estado. *Correio do Povo*. Caderno Geral/Ensino. Porto Alegre, domingo, 26/12/2004, p. 7).

igualmente, hierarquizar as entidades que se encontram no campo e controlar o acesso de novas. A proliferação de ONGs, nos anos 90, exige, portanto, uma instância em nível nacional para conferir legitimidade e certificação de idoneidade às inúmeras entidades não governamentais que passam a reivindicar reconhecimento e fundos públicos.[37]

Assim, pode-se afirmar que, nos anos 90, as ONGs já formam um campo social que define regras para as disputas e concorrências internas em vista do controle dos grupos hegemônicos. Emerge, deste modo, um coletivo de ONGs com uma produção de discursos, problemáticas e práticas sociais diversas.

Mas, se a década dos anos 90 se caracteriza como um momento de crescimento e difusão das ONGs, também estas se apresentam num período de crise da cooperação internacional, por parte, principalmente, de entidades religiosas e filantrópicas que restringem o envio de recursos atrelando-os a exigências de produtos determinados e quantificados. Uma crise que acaba levando as ONGs a buscarem outras fontes de financiamento, tanto nacionais – junto aos órgãos governamentais – quanto internacionais – junto aos organismos financeiros internacionais e multilaterais. Os novos recursos vêm com novas exigências, produzindo impactos significativos sobre o desenho, o funcionamento e as ações das ONGs.

Como demonstra Garrison (2000), nos anos 1970 apenas 10% de recursos públicos eram utilizados pelas ONGs. Em 1985, esse montante passa a ser de cerca de 30%; já em 1993 se aproxima de 50%. Ou seja, a associação entre Estado e ONGs cresce significativamente nesse período, e a explicação para isso é que o Estado busca, inten-

---

[37] Mas o que de fato representou e representa a criação da ABONG no cenário das ONGs e no cenário nacional? Certamente essa é uma questão que remete a um aprofundamento específico que não cabe nesse momento fazer.

cionalmente, a parceria da sociedade civil para ampliação da rede de serviços.[38] Nesse movimento, as ONGs começam a ganhar visibilidade, pois passam a fazer parte da estrutura do Estado, enquanto setor terceirizado, demonstrando ter assimilado a lógica neoliberal.

A dependência é mútua: o Estado depende das ONGs para manter a oferta de serviços, e as ONGs dependem do Estado para o custeio de seus programas. E quando as ONGs tornam-se dependentes da verba pública, colocam-se diante da exigência da transparência. Elas precisam submeter-se às regras de manuseio de recursos públicos, não só porque essa é uma exigência própria do público como também porque, na medida em que lutavam pela transparência da máquina pública – uma luta política pela democratização –, precisavam as próprias mostrar-se capazes de transparência. Mas a transparência tem, um preço, e o preço a pagar foi a complexidade operacional das ONGs, que as transformou em grandes instituições. Ou seja: quanto maior o volume de dinheiro injetado pelo Estado, maior a necessidade de haver uma secretária, um contador, uma escrituração de verbas, arquivos de comprovantes de despesas, e logo uma diretoria administrativa... E os outrora pequenos grupos dinâmicos transformam-se em prestadores de serviços múltiplos, com muitos recursos e projetos a gerir (Gonçalves, 1996: 55).

Porém, não devemos esquecer que, nessa discussão, está embutida a concepção do Estado de Bem-Estar Social, que se consolida numa aliança entre as áreas política, econômica e social. A ideia de base está em assumir que a economia impõe prejuízos inevitáveis a certas parcelas da população. Com isso, o Estado não pode abster-se diante das necessidades que a economia cria junto a certos setores,

---

[38] "Após fundar a maior ONG da Amazônia Legal chamada de Coordenação das Organizações Indígenas da Amazônia Brasileira (COIAB), no ano de 1989, os índios fecharam um acordo de parceria com a Fundação Nacional de Saúde (FUNASA) que lhes rendeu entre os anos de 1999 a 2004 cerca de 21,5 milhões de reais" (*Folha de São Paulo*, 12/07/2004).

assumindo que a política econômica tem o propósito de regular e estimular o crescimento econômico, enquanto que a política social tem como objetivos arrefecer os conflitos sociais, amenizar tensões e expandir as políticas de corte social. Estabelece, assim, uma política de segurança social que garanta os ganhos da burguesia, ao mesmo tempo em que mantém separadas a economia, que teria uma "natureza" técnica, e a política, que seria de "natureza" social.

Grosso modo observa-se, nesse período, uma redução significativa dos quadros da maioria das grandes ONGs que se fragmentam formando pequenas organizações, mais ágeis e incorporando práticas de uma sociedade minimalista. Esta é uma fragmentação que acaba exigindo especialistas dos serviços a serem prestados. Juntamente com isto, podemos observar o redimensionamento dos âmbitos de atuação de muitas ONGs, que haviam alcançado uma abrangência nacional e que são forçadas a voltar sua ação para o âmbito local, incorporando conceitos microssociais.

É evidente que a dependência histórica das ONGs sobre seus tradicionais parceiros doadores chegou ao limite e não poderá mais sustentar o crescimento do setor. Isso devido ao fato de as ONGs terem experimentado um aumento substancial em seus orçamentos operacionais e quadros de pessoal a partir dos anos 80. Porém, nos anos mais recentes de profunda recessão mundial, as ONGs vão sofrer drásticas reduções de suas ações, como foi o caso da FASE, que teve de fechar alguns dos seus escritórios (Garrison, 2000).

Na esteira desse processo de fragmentação e especialização das ONGs, vem a exigência de uma maior profissionalização dos seus quadros, dos quais exige-se, sobretudo, competência técnica na operacionalização e realização de serviços em contraposição à militância. Dessa forma, abre-se um conflito entre profissionalização e militância, pendendo, por fim, em favor da profissionalização.

Assim, de posse do discurso da sobrevivência, em meu entendimento, as regras se "prostituem". Perante o mercado, as ONGs vão paulatinamente se inserindo no contexto da concorrência de prestadoras de serviços públicos, o que favorece o aparecimento de projetos diversificados de mediação junto aos movimentos sociais, através da oferta de políticas públicas e sociais. Certo que esse é um dos fatores que leva à profissionalização, na lógica do mercado, das ONGs que vão estar à frente das instituições, formulando projetos e buscando os mais diversos financiamentos sem cor, sexo ou matiz ideológica. Desse modo, instaura-se o fetiche do "tudo pelo social".

Ao entrar nos mercados de serviços, as ONGs também são pressionadas a se tornar autossustentáveis. A lógica que informa suas ações, nesse novo contexto, muda os valores políticos, associados à militância de esquerda, que esteve à frente das primeiras ONGs, dando lugar aos interesses voltados para ações que visem a obtenção de resultados, os quais passam a ser medidos e avaliados por parâmetros estabelecidos dentro dos projetos sociais. Uma vez no mercado, as próprias ONGs criam demandas e buscam ampliar seu leque de parcerias, tanto na direção dos organismos governamentais quanto junto às agências internacionais.

A partir desse contexto creio não ser possível, nesse momento, uma definição perfeita e acabada do que seria ou do que vem a ser uma ONG e sim, apenas, juntar suas principais características de atuação. Assim, ao tentar conceituar ONG, creio ser preciso qualificá-la como pessoa jurídica de direito privado, sem fins lucrativos e, por que não dizer, prestadoras de serviço para o Estado. Do ponto de vista formal, pode-se afirmar que ONGs são agrupamentos coletivos com alguma institucionalidade, contando com alguma participação voluntária e engajamento não remunerado. Portanto, em princípio, devem distinguir-se do Estado/Governo, do mercado/empresas e identificar-se com os movimentos sociais.

Pode-se dizer, em princípio, que a missão das ONGs é válida e valiosa para a democratização, para a transformação social. Porém, há que se discutir, criteriosamente, a forma de acesso aos recursos públicos para execução de projetos sociais. Pois o Estado constituiu a democracia e a cidadania como fetiches capazes de se mostrarem universais, a fim de "acomodar" as classes sociais, disseminando valores assimilados durante a vigência do Estado de Bem-Estar Social, em que a classe dominante incorporou as necessidades da classe que vive do trabalho, para, em seguida, ressignificá-la na lógica da reprodução do capital.

As ONGs se localizam na esfera do privado. Para várias ONGs contemporâneas, a conceituação das entidades não passa mais pelo recorte público/privado, pois teria ocorrido a emergência de um outro setor na esfera da organização geral da sociedade, que seria o público-comunitário-não-estatal, vindo a se constituir no "terceiro setor" da economia, no plano informal.

O termo ONG implica, por um lado, a negação presente na própria sigla, e, por outro, que essas organizações não foram criadas pelo Estado ou não são partes dele. Daí decorrem as preocupações de Souza (1992), ao afirmar que às ONGs não cabe substituir as ações do governo e que as mesmas devem manter-se autonomamente. Esta tese se refere ao princípio de que, como, aliás, o próprio nome indica, uma organização não-governamental não pode pensar e agir como uma agência estatal. Tampouco falar a mesma língua, o que parece não estar ocorrendo, pelo menos aos olhos dessa pesquisa, visto que já há algum tempo autoridades governamentais têm-se posicionado como se fossem verdadeiros militantes de alguma ONG.

Apesar disso, as reivindicações sociais deram lugar, na maioria dos casos, a formulações e práticas de políticas sociais que buscavam atenuar a pobreza. Porém, é preciso fazer uma ressalva, uma vez que grande parte dessas políticas sempre foram comprometidas pela inflação e pela incapacidade do aparelho estatal brasileiro de distribuir os bens públicos devido a seu caráter clientelista e paroquial de fazer política e devido, ainda, ao próprio controle coronelista de sua aplicação associado à corrupção. Desse modo, as ONGs passam a se autorreivindicar de atuação e vocação públicas no propósito de propor e executar políticas públicas que, em princípio, seriam de responsabilidade do Estado.

Muitas ONGs também passaram por profundas mudanças em termos de paradigmas conceituais a partir da queda do Muro de Berlim (1989). Conceitos tradicionais, como o modelo de desenvolvimento centrado no Estado e a crítica ao capitalismo centrado na teoria da dependência,[39] foram substituídas por posições mais moderadas e voltadas para resultados, ou seja, inauguram-se as ONGs de resultados. Nas palavras de Souza (1995: 49-50), "as velhas barreiras ideológicas, resquícios da guerra fria, precisam ser substituídas por uma busca mais pragmática de soluções efetivas para problemas humanos urgentes".

Outra mudança conceitual importante foi a conscientização das lideranças das ONGs com relação à legitimidade de seu papel independente no seio da sociedade brasileira, à semelhança do setor não governamental nos países industrializados. Além disso, cada vez mais os líderes de ONGs brasileiras não só reconhecem o papel permanente que as ONGs desempenham nos países industrializados como também mantêm relações mais estreitas com estas organizações, frequentemente moldando suas estratégias para levantamento de recursos e consolidação institucional. Ainda que algumas ONGs pareçam ter descartado suas velhas ortodoxias e estejam adotando novos paradigmas conceituais, muitas consideram que seus valores e objetivos originais foram mantidos. Ou seja, acreditam que as mudanças no seu objetivo, substituindo o trabalho de cunho mais político ideoló-

---

[39] Para aprofundar o tema, ver: OLIVEIRA, Francisco de. *A economia da dependência imperfeita*. 2ª ed. Rio de Janeiro: Graal, 1977; FURTADO, Celso. *O mito do desenvolvimento econômico*. São Paulo: Círculo do Livro, s/d.

gico dos anos de 1970 pela prestação de serviços mais especializados a partir dos anos de 1990, não significa distanciamento das suas antigas atividades de mobilização popular (Souza, 1995: 55).

Diferentemente das críticas anteriormente feitas, que apontam a submissão das ONGs ao reordenamento do Estado pelo neoliberalismo, Souza (1992) faz outra leitura. Acredita o autor que, reconquistada a democracia política e convivendo com a ordem capitalista, as ONGs se fazem sem fins de lucro, não se ligam ao mercado, mas à sociedade. Suprapartidárias e suprarreligiosas, não se submetem à lógica de nenhum poder ou hierarquia e afirmam, nessa mesma medida, seu equivalente à cidadania no plano político e social.

Nessa linha de pensamento, as ONGs procuram unir o compromisso ético de superar as desigualdades e a exclusão social – respeitando as diferentes formas de manifestação cultural – com o compromisso político de construir a cidadania. Buscam, desse modo, colaborar com o processo de desenvolvimento "sustentável", democrático e justo da sociedade brasileira. Nessa perspectiva, é possível captar as contradições em que se movem as ONGs, submetidas, por questões de sobrevivência, às novas regras do mercado e, no mesmo processo, buscando canalizar suas ações no sentido de manter, minimamente, o compromisso histórico com as camadas populares.

A pesquisa feita com dirigentes da FASE aponta algumas características das ONGs. Para a entrevistada Pacheco, quando perguntada como conceituaria uma ONG, a mesma respondeu da seguinte forma:

> A denominação ONG não é nossa, nós não nos autoatribuímos essa denominação. Ela é uma denominação importada, talvez imposta e criada pela ONU, foi se incorporando. (Eu até outro dia estava querendo fazer um esforço de memória. Quando eu vim trabalhar na FASE, eu não me lembro de ter dito "Eu vou trabalhar numa ONG". À pergunta "Onde você trabalha?" eu não posso responder "Eu trabalho na FASE". Mas o que é a FASE? "É uma entidade de educação

popular", é o que eu dizia). Dentro do conceito adotado pela ONU, tudo é ONG, qualquer Organização Não Governamental, porque é uma denominação... E eu lembro que no processo de criação da associação brasileira de ONG aqui no Brasil houve também uma discussão sobre isso. Alguns que se posicionavam contra: "Por que uma associação de ONG? Por que não outro nome? Por que não criarmos uma denominação que seja pela afirmação? Por que não nos demarcarmos?". Mas essa denominação se impunha, vamos dizer, ela já tinha se expandido e foi se afirmando exatamente porque nós estávamos na década das grandes conferências internacionais da ONU, e nessas conferências havia várias ONGs; muitas delas tiveram um papel político importante a esse chamado da ONU (Pacheco, FASE-RJ: 12/03/2004).

Por outro lado, na avaliação do Cunca, outro entrevistado, a resposta passa pela seguinte conceituação:

Veja, durante a ditadura, no início da democratização não havia muita dúvida sobre a relação e o papel de uma instituição como a FASE para a formação da CUT, da articulação nacional de movimentos populares da reorganização dos movimentos sociais e populares. Não havia muita dúvida sobre o papel de ONGs que não eram assim chamadas com organização de apoio à organização do movimento social e popular. As ONGs passam a ter um engajamento político num processo constituinte. Depois as ONGs como a FASE passam a ser ONGs ligadas a temáticas de tirar consequências da política democrática e das políticas públicas e passam a operar numa esfera de organizações pra construção da cidadania, da democracia e da participação e controle das políticas públicas nesse período de maior ampliação. Nós chegamos ao auge da sociedade civil brasileira no processo da Constituinte de 88 até 89. O auge do movimento sindical foi na greve geral de 85, e ele mantém um fluxo grande de lutas até a era Collor. Mas o auge foi 85, 86, com Sarney. Nós podemos dizer que as organizações não governamentais vão crescendo num determinado caldo de cultura e aparecendo. Imagina o fenômeno político com esse nome na ECO 92. Por quê? Porque organizações não governamentais são associações civis sem fins lucrativos, mas é na década de 90 que a noção anglo-saxônica e o tema do ciclo social de reuniões das nações unidas traz uma controvérsia jurídica nova. A democratização traz uns debates americanistas, uns debates jurídicos nos quais 1°, 2° e 3° setor são noções assim como a ONG é uma noção cunhada pela a ONU, no pós-guerra pra identificar organizações não estatais internacionais, organizações não empresariais internacionais que vão ganhar muito fôlego na década de 80 e 90, como a anistia internacional, o Green Peace etc. Então você tem um leque enorme de organizações, e ao mesmo tempo as próprias organizações e movimentos sociais criam seus centros, seus núcleos, suas ONGs, então esse movimento de multiplicação de organizações leva a uma profusão de debates. A FASE se situa ainda com o horizonte clássico de questões. Ela está num campo mais crítico, mais emancipatório, mais diferenciado dentro da sociedade civil, e esse processo mantém essas contradições e esses problemas de identidade, qualquer que seja o recorte visto do prisma dos movimentos antiglobalização, visto do prisma do movimento social. Então você tem ONGs; movimento negro e movimento de mulher se organizam muito como movimentos de ONGs. Você tem ONGs de construtores: são alternativas de emprego pra pessoas. Você tem grandes e médias organizações que tratam de políticas públicas de outras constituições, você tem um movimento ambiental, também se confunde movimentos de direitos humanos, também se confunde centro de direitos humanos. Por definição, escolas de psicanálise, clubes e outros órgãos também são sociedade civis sem fins lucrativos, então há toda uma confusão, que é o problema também das matrizes de associativismo das várias famílias, eles diriam um mapeamento não só de como a gente se vê, não só da marca e da matriz jurídica, mas também de aonde você encontra sujeitos, vai chamar o movimento de negros de movimentos de ONGs, de movimentos de marcas, vai chamar o movimento de mulheres, o feminismo, de movimentos de ONGs; então tem uma marcha das mulheres que é conduzida por articulações de mulheres que estão em organizações sociais e ONGs. Estamos numa época muito mais complexa, pois para produzir diferenciação e articulações, você tem movimentos e processos associativos de 2°, 3°, 4°, 5° graus. Hoje uma organização como a FASE se articula num sistema de alianças etc… E você já tem o debate – alianças, não parcerias –, que vale pelo debate da noção de movimento em rede, o debate dos polos. Você tem aí uma série de criações que tentam dar nome para uma gramática para linguagens para processos que são de maior hibridização, então você pode estabelecer o recorte jurídico: ele é essencial, tem a ver com a natureza das transformações na ordem jurídico-política, com as figuras construídas, com as figuras existentes, com a institucionalidade. No recorte jurídico você tem tipos diferentes de institucionalidade para não se confundir numa dessas geleias gerais inevitáveis, então você se constrói de múltiplas formas. Isso se dá porque a gente tem um diferencial de tamanho, de profissionalização, de cultura, de continuidade, de existência no tempo, mas com muitos altos e baixos (Cunca, FASE-RJ: 12/3/2004).

Para Matheus, as ONGs podem ser conceituadas da seguinte forma: "Organização não Governamental é uma organização de pessoas que eu diria estar sempre pensando em ajudar algum setor da população mais pobre" (Matheus, FASE-RJ: 12/3/2004).

Assim, em resumo, em mais uma tentativa de definição, ONG seria um grupo social organizado, sem fins lucrativos, constituído formal e autonomamente, caracterizado por ações de solidariedade no campo das políticas públicas e pelo legítimo exercício de pressões políticas em proveito de populações excluídas das condições de cidadania.[40] Mas, também, como uma pessoa jurídica de direito privado, sem fins lucrativos, prestadora de serviço público. Ou mesmo, como um canal de participação das classes médias na esfera pública, exercendo as funções de tradução e articulação dos interesses e demandas dos setores populares nas arenas institucionais de confronto e negociação dos conflitos sociais, ou seja, na burocratização e consequente controle dos movimentos sociais. É preciso cuidar para que a noção socialmente constituída de que as ONGs se viabilizam com um mínimo de recursos não se transforme numa perigosa administração da pobreza, o que as derrotaria.

---

[40] A minha concepção de Estado, explicitada no capítulo anterior, torna problemática a noção de "cidadania", que não pretendo questionar neste trabalho. Para uma compreensão do termo cidadania, remeto ao seguinte texto: RIBEIRO, Marlene. "Educação para a cidadania; questão colocada pelos movimentos sociais". In: *Educação e Pesquisa*, v. 28, n. 2. São Paulo: FAE/USP, 2002, p. 113-128.

O Terceiro Setor[41]

Um outro aspecto a ser analisado em relação às mudanças que vêm acorrendo na execução das políticas públicas e sociais, a partir dos anos de 1990, refere-se ao denominado Terceiro Setor, que, em uma primeira análise, pode-se dizer que restringe o conceito de ONG. A palavra que certamente define essa nova modalidade de instituições chama-se "parceria".

De acordo com a Lei n. 9.790/99, que regulamenta as Organizações da Sociedade Civil de Interesse Público (OSCIPs), nas quais se enquadra o Terceiro Setor, qualquer organização que não seja uma sociedade comercial, sindicato, organização partidária ou instituição religiosa, pode obter certificação a fim de prestar serviços sociais. Sendo que o objetivo dessas organizações pode também ser de promoção da cultura, saúde, educação, assistência social, defesa do meio ambiente, dos direitos humanos, da democracia etc. Ou seja, uma vez obtida a certificação de OSCIP, qualquer organização pode tornar-se legalmente parceira dos governos. Desse modo, ficam legalizadas formalmente as parcerias que vinham acontecendo entre os Governos, as ONGs e o Terceiro Setor.

Dessa forma, ao situar as ONGs no campo do Terceiro Setor, sua atuação é esvaziada do conteúdo político e de contestação e resistência ao modelo capitalista por meio de um crescente processo de despolitização, retirando do seu interior qualquer conotação de identidade política. Nessa disputa de sentidos, que se trava através

---

[41] Terceiro Setor é um termo de origem norte-americana que classifica e divide as instâncias de governo (1º setor), as de mercado (2º setor) e as da sociedade civil (3º setor), sendo este último setor considerado social. A divisão em setores seria mais abrangente e daria ao Terceiro Setor uma conotação menos política, referindo-o a entidades beneficentes e a fundações empresariais. Para saber mais sobre a conceitualização de Terceiro Setor nesta ótica, ver Rifkin (1995) e Fernandes (1994).

das palavras em torno das ONGs, percebe-se que o conceito de Terceiro Setor tem servido como um recurso central para retirar dessas organizações as conotações políticas que as identificam com as forças de esquerda no país.

Este deslocamento de sentido tira a ênfase do político e o desloca para o público, permitindo um realinhamento das ONGs e a conquista de mercados na oferta de serviços. Dessa forma, passam a se autodenominar como um conjunto de iniciativas particulares com finalidades públicas. Com isso, o Terceiro Setor não se posiciona em relação a questões políticas, colocando-se como mediador do público dentro de um contexto minimalista de Estado.

No tocante ao que se convencionou chamar de Terceiro Setor, este tem se constituído, como se pode perceber, em um fenômeno bastante complexo, diferenciado e contraditório, podendo ser caracterizado como um espaço agregador alternativo às políticas de desmonte do Estado, a fim de incorporar parcela dos trabalhadores excluídos dos processos de produção. Torna-se óbvio que o Terceiro Setor emerge a partir de transformações no campo das ONGs, dos movimentos sociais e das associações filantrópicas e comunitárias. A origem dessas transformações advém tanto de alterações amplas, ocorridas internacionalmente no mundo da economia e da política, como de fatores em nível nacional, advindos de alterações no cenário econômico, político e social. Por outro lado, as transformações das ONGs são também resultado das estratégias políticas contidas nas novas políticas sociais dos Estados e governos, nos anos 1990. Segundo Gohn (2000: 60), "o terceiro setor é um tipo 'Frankenstein': grande, heterogêneo, construído de pedaços, desajeitado, com múltiplas facetas. É contraditório, pois inclui tanto entidades progressistas como conservadoras".

Fazendo um rápido resgate histórico, pode-se dizer que a queda do Muro de Berlim, no ano de 1989, para a sociedade capitalista, é um marco da derrocada da ideologia socialista e início da gestação de um modelo estruturado sobre um sistema hegemônico de mercado, conhecido como globalização, que se consolida e sustenta nos avanços tecnológicos e em uma economia, em que aquele sistema se fez hegemônico. Sendo que, no plano econômico, o sistema de mercado dá as diretrizes de "modernização" das sociedades, enquanto no plano social mostra sua face cada vez mais perversa e excludente, provocando números cada vez mais expressivos de pobreza e miséria (Carrion e Vizentini, 1998). E sobre estas pobreza e miséria, produzidas pelo mercado globalizado, é que incidem as ações do Terceiro Setor como forma de manter sob controle os conflitos sociais.

Nesse processo, há um reordenamento da sociedade que passa a constituir-se em setores, da seguinte forma: o Estado, como primeiro setor, cuja natureza é arrecadar impostos e transformá-los em bens e serviços para os cidadãos, tidos como clientes; o segundo setor é constituído por organizações da iniciativa privada com fins lucrativos e que obedecem às relações e leis de mercado; e, o terceiro setor, que é constituído por organizações sem fins lucrativos, da iniciativa privada dos cidadãos ou da sociedade civil. Sua natureza é, então, a solidariedade capitalista consolidada através de parcerias, na concessão voluntária de bens e serviços e na "preservação" dos direitos relacionados à manutenção e segurança da propriedade privada e/ou do sistema capitalista que a sustenta.

O Terceiro Setor parece ser um tipo de satélite capaz de irradiar múltiplas faces a serviço do capital, podendo ser visto, por um lado, sob o ângulo da exploração da força de trabalho como uma resposta da burguesia à organização e mobilização dos movimentos sociais, adotando a estratégia neoliberal para desobrigar o Estado de investimentos na área social; ou por outro, como algo realmente novo, a partir da perspectiva ideológica de que o Estado não consegue mais penetrar nas microestruturas da sociedade.⁴² Na perspectiva dialética são dois momentos de um mesmo movimento decorrente da contradição básica entre capital e trabalho.⁴³

Vale destacar que o crescimento do Terceiro Setor vem sendo caracterizado como um novo setor da chamada economia social, o que é fundamental no processo de re-estruturação das relações entre o Estado e a sociedade para que avance a perspectiva empreendedora, inovadora dos serviços sociais, favorecendo a flexibilidade e a precarização do trabalho, ao mesmo tempo em que os trabalhadores buscam formas de geração de renda para sobrevivência no mercado. O Terceiro Setor, nesse caso, se apresenta como sendo um fundamental pilar à "nova" ordem capitalista.⁴⁴

É preciso frisar que não se trata da substituição das antigas ONGs, mas de um outro processo de intervenção social mais complexo, pois vem acoplada com mais intensidade ao capital, localizada no discurso de oposição a que as negociações políticas sejam efetuadas por entidades de classe. Assim, o Terceiro Setor se mostra diretamente inserido no contexto de globalização neoliberal, que tem, como seus centros hegemônicos de formulação ideológica e como principais fontes de recursos, os organismos multilaterais, ligados

---

⁴² Ver matéria do jornal *Folha de São Paulo*, de 17/12/2003, Caderno Cotidiano C3, que denuncia a Prefeitura do município do Rio de Janeiro devido aos repasses de cerca de 116 milhões de reais a diversas organizações comunitárias para desenvolver trabalhos e contratar trabalhadores através de ONGs e organizações do Terceiro Setor. Porém, quando questionada, na mesma matéria, a Prefeitura responde da seguinte forma: o repasse é importante para que esses trabalhos aconteçam nas favelas, devido à constante violência e aos tiroteios que acabavam por paralisar as atividades; com pessoas da comunidade fazendo o trabalho isso não aconteceu mais.
⁴³ Existe uma exigência de que organizações caracterizadas como Terceiro Setor estejam envolvidas no "gerenciamento" dos recursos repassados pelo Banco Mundial e pelo BID.
⁴⁴ Para aprofundar mais o conhecimento sobre Terceiro Setor, sugiro consultar: Antunes, R. (1999); Gohn, M. G. (2000); Coelho, S. C. T. (2000); Montaño, C. (2000) e Rifkin (1995), dentre outros.

ao capital financeiro mundial. Por isso, organizações caracterizadas como Terceiro Setor são privilegiadas como parceiras executoras dos programas sociais numa clara terceirização da ação do Estado. Dessa forma, ao recorrer aos financiamentos externos desses organismos, o Estado é capturado por uma rede de condicionalidades que lhe impõem a diminuição drástica dos custos financeiros das políticas públicas, através do desmonte de sua estrutura assistencial, e a necessidade de recorrer a agentes não-governamentais, de caráter privado, para realizar tais ações sociais que, anteriormente, eram vistas como de responsabilidade dos órgãos do Estado.

Nessa trama cabe ao Estado produzir *superávit* primário para pagar as dívidas interna e externa e seus serviços e, em contra partida, conseguir mais empréstimos para implementar políticas públicas e sociais a partir da lógica do Terceiro Setor.

Na pesquisa feita com dirigentes da FASE, o Terceiro Setor foi caracterizado da seguinte forma, a saber:

> O Terceiro Setor não é totalmente claro, mas é uma classificação mais funcional que em sua grande maioria se mantém dentro do sistema vigente (não contesta o sistema vigente), é funcional com caráter educativo filantrópico. É uma agregação diferente (Matheus, FASE-Belém-PA: 3/1/2004).

> O Terceiro Setor é formado por agentes políticos que não são parte do Estado ampliado e assumem a ideia do Estado mínimo. Há uma transferência das responsabilidades do Estado para essas organizações, o que acaba sendo visto como uma junção que une o empresariado, quero dizer, essa discussão de responsabilidade social de empresários etc. Isso tudo entrou mais recentemente como parte dessa coisa gelatinosa. Eu acho que tem uma coisa complicada, uma vez até escrevi uma coisinha em que eu falava um pouco disso. Particularmente acho que as ONGs que estão na ABONG, neste processo de discussão chamado marco legal, que regula o funcionamento dessas organizações, deveriam travar um embate sobre a defesa que

eu fiz quando eu era secretária geral da ABONG. Eu achava que a gente deveria lutar por um marco legal que nos diferenciasse; não temos o caráter de representação, representamos a nós mesmos, que ocupamos um determinado lugar dentro da chamada sociedade civil. A gente deveria se demarcar mais pela afirmação e se distinguir do terceiro setor. Queremos nos demarcar, a FASE não é uma entidade, não tem nada a ver com fundação empresarial e não é uma entidade que tem um trabalho criativo, então é preciso demarcar mais a denominação consagrada que está dada. É ONG, e, dentro do campo das ONGs, uma segunda demarcação é o campo que está reunido dentro da ABONG, que tem esse compartilhamento e tem lá os critérios (Pacheco, FASE-RJ: 12/3/2004).

Como se pode ver, não faltam ressalvas na tentativa de diferenciar ONGs e Terceiro Setor. Não há como não concordar com os teóricos do Terceiro Setor que, de fato, numa economia de mercado, não há valor de uso coletivo que, ao se tornar objeto de uma demanda efetiva, não gere um investimento lucrativo correspondente. Também pode-se admitir que, se não estivesse pressuposta a inquestionável normalidade do lucro privado, uma organização social denominada "sem fins lucrativos" não faria o menor sentido.

Para o Banco Mundial, o Terceiro Setor tem um papel crucial na execução de políticas públicas e sociais, porque suas formas de organização estão mais enraizadas na sociedade e chegam a ter uma capilaridade que o Estado não pode ter; são "eficientes", "baratas", não "desperdiçam recursos", não são "corruptas" e apresentam resultados muito mais significativos que o Estado. Neste sentido, essas entidades terceirizadas tornam-se os braços executores de políticas sociais cuja responsabilidade caberia ao Estado. Ou seja, são organizações neoliberais encarregadas de diminuir a perigosa perspectiva de explosões sociais, devido ao aumento crescente da miséria, que assume uma dimensão planetária. E, no mesmo processo, de contribuir para uma diminuição considerável dos recursos que deveriam ser aplicados em políticas sociais e são desviados para o pagamento das dívidas interna e externa, ou melhor, para o processo de acumulação de capital.

A confusão entre o conceito de ONGs e o de Terceiro Setor tem as mais diversas explicações, principalmente ideológicas. As ONGs haviam incorporado, como parte essencial de sua identidade, a busca de alternativas democráticas de desenvolvimento baseadas no conceito de justiça social; porém, nos últimos tempos, vêm redefinindo seu universo e suas alianças com outros setores sociais, o que as tem transformado ou confundido com o Terceiro Setor. As ONGs parecem passar por um processo camaleônico. Transformando-se em Terceiro Setor, vêm perdendo espaço enquanto expressão dos interesses das populações excluídas e marginalizadas socialmente, provocando, dessa forma, um emaranhado ideológico que vem sustentando o chamado discurso "pós-moderno" de superação das "metanarrativas", entre elas, a do socialismo.

Na verdade, o que se pode perceber é o realinhamento dos limites entre o público e o privado e a própria estruturação da esfera pública a fim de atender ao mercado.

A interferência externa na política educacional: O Banco Mundial

Após a Segunda Grande Guerra Mundial, a burguesia internacional se vê obrigada a criar instrumentos que possam servir de apoio financeiro para a reconstrução dos países europeus atingidos por esta e pela Primeira Guerra. É a partir dessa necessidade que surge o Banco Mundial, que foi concebido na conferência de Bretton Woods, em julho do ano de 1944, como instrumento financiador da reconstrução dos países arrasados pelas duas grandes guerras mundiais.

Nas décadas posteriores à criação do Banco Mundial, o mundo passou por diferentes modificações em sua concepção e no papel que lhe foi atribuído. Do fim dos anos 40 até os anos 60, o Banco Mundial financiou a reconstrução da base produtiva de diversos países afetados pelas guerras.

Durante o período de maior crescimento capitalista, que perdurou até os anos 70, o Banco Mundial financiou grandes projetos industriais e de infraestrutura como forma de contribuir para o fortalecimento do modelo de desenvolvimento adotado. Com isso, passa a intervir diretamente nas diretrizes políticas e na própria legislação desses países. Esse processo fica mais nítido a partir dos anos 80, com a emergência da crise de endividamento, que propiciou ao Banco Mundial e ao FMI impor programas de estabilização e ajuste na economia brasileira, bem como, nas dos demais países pobres ou do chamado terceiro mundo. Dessa forma, esses organismos não só passaram a intervir diretamente na formulação de políticas econômicas internas, como a influenciar crescentemente a nossa legislação. As políticas recessivas acordadas e os programas de liberalização e desregulamentação da economia brasileira, estimulados pelo Banco Mundial, levam o país a apresentar, no início dos anos 90, um quadro de agravamento do estado de miséria a um número cada vez maior de famílias que vivem abaixo do que é considerado a linha da pobreza.

A adoção do modelo político neoliberal reforça e amplia a precarização da vida e do trabalho de imensos contingentes populacionais descartados do mercado de comercialização de sua mercadoria – força de trabalho – e, portanto, da aquisição de condições mínimas para manterem-se vivos. Creio que não seria exagero afirmar-se que o ideário neoliberal aplicado com afinco nos países pobres leva ao próprio extermínio das populações mais miseráveis, como mostram os noticiários de jornais e televisões, diariamente.⁴⁵ Segundo o Banco Mundial (1994), é preciso que o governo brasileiro defina, consensualmente, a linha de pobreza aceitável, porém as políticas sociais básicas são praticamente descartadas desse projeto, em que o setor público é colocado como ineficaz e desprivilegiado, em contraponto ao setor privado que é eficiente, de qualidade e capaz de equidade. Isso porque, com o avanço neoliberal, é preciso redefinir as funções do Estado.

Com isso, é fortalecida a ideia de Estado mínimo, que apenas estará preocupado com o interesse e a reprodução do capital, naturalizando, quem sabe, definitivamente, a exclusão social (Frigotto, 1995a). A intervenção do Estado dar-se-á nas falhas do mercado e atribuirá ao governo um papel central na sua correção (Banco Mundial, 1994). Esse processo de mudança de prioridades pode ser melhor evidenciado a partir dos programas de ajustes que buscam, objetivamente, garantir o pagamento da dívida externa e transformar a estrutura econômica dos países de forma a fazer desaparecer características protecionistas, regulação, intervencionismo. A ideia central a ser assimilada é a de que as dificuldades encontram-se no interior dos Estados, sobretudo na rigidez das economias nacionais. Por isso, o ajuste é de suma importância para o alívio da pobreza, na concep-

---

[45] Sobre isso podemos lembrar Malthus, quando afirma que "o homem é movido insaciavelmente pelo desejo sexual e que, se não houver um controle mais eficaz de natalidade, a tendência é a população crescer em proporções alarmantes, o que poderia gerar certo descontentamento à medida que os bens de consumo não acompanhassem esse crescimento". Porém, o mais importante da citação de Malthus, e é isso que o levou a ser citado aqui, são as formas que propõem para esse controle: "A fome, as guerras, as pragas constituíam os mecanismos de controle positivo, cuja atuação era inevitável devido à ineficácia dos controles preventivos, incapazes, por si sós, de limitar o crescimento populacional entre as classes inferiores. Segundo Malthus, se os controles positivos fossem de alguma forma neutralizados, a população, à medida que aumentasse, exerceria uma pressão cada vez maior sobre as reservas alimentares, até que a fome e a inanição – derradeiro e inevitável mecanismos de controle – produzissem seus efeitos e contivessem o crescimento populacional" (HUNT, E. K. e SHERMAN,1988: 64).

ção do Banco Mundial. Assim, começa-se a implementar um amplo conjunto de reformas estruturais: liberal, privatista e de abertura ao comércio exterior. Essas são algumas medidas capazes de colocar os países pobres no caminho de "desenvolvimento sustentável", permitindo estabilidade econômica e social, segundo a orientação dos organismos multilaterais.

Esses ajustes acabam levando o Banco Mundial a receber diversas críticas por parte das ONGs e dos Movimentos Sociais, por entenderem que a adoção dessas medidas agravaria a situação de pobreza da maioria da população e a deterioração de importantes segmentos da economia nacional. A pressão do Congresso norte-americano acaba acelerando as mudanças nas formas de financiamento de projetos pelo Banco Mundial.

É necessário levar em conta, também, que a ênfase dada ao combate à pobreza tem um caráter instrumental, uma vez que os programas sociais visam garantir o suporte político e a funcionalidade econômica necessários a esse padrão de crescimento. Assim, o que se percebe é que a preocupação fundamental do Banco Mundial reside em aspectos tais como: o aprofundamento do processo de abertura comercial, a desregulamentação das relações capital e trabalho, a privatização das empresas estatais, o aumento da poupança interna, por meio de reforma fiscal (redução de gastos públicos, reforma tributária), o estímulo à poupança privada, a reforma (privatização) do sistema previdenciário, o estímulo ao investimento privado em infraestrutura, a flexibilização do mercado de trabalho (redução dos encargos previdenciários, alteração da legislação trabalhista e sindical), a reforma do sistema educacional para favorecer a lógica neoliberal, e a implementação de programas sociais, através de ONGs, focalizados na oferta de serviços públicos para os mais pobres, identificados como "carentes" (Soares, 1996).

São essas diretrizes do Banco Mundial, aliadas ao conceito de Estado mínimo, que começam a orientar as ações sociais das organizações prestadoras de serviços, como as ONGs, para dar conta da pobreza. A coparticipação das ONGs nos governos locais aponta para uma nova realidade nos anos 90, no tocante à forma de encarar as políticas públicas, pois, à medida em que os regimes ditatoriais vão desaparecendo, as ONGs, gradativamente, passam do plano da oposição ao da cooperação. Nessa perspectiva, a educação é especialmente enfatizada pela adequação ao novo padrão de acumulação, ganhando um caráter instrumental no que tange a mudanças nos níveis de pobreza, objetivando, fundamentalmente, a contenção de distúrbios e tensões sociais para que não haja entraves no processo de reformas.

No que diz respeito à implementação dessa política, nota-se a existência de um processo de continuidade que perpassa pelos governos desde o início dos anos de 1990, dando continuidade às reformas, conforme deliberação do Banco Mundial e do FMI, ampliando o processo de abertura econômica, intensificando o processo de privatização e aprovando uma série de mudanças constitucionais.

As políticas públicas e sociais definidas nesse período estão em plena sintonia com as políticas dos organismos multilaterais de financiamento (Banco Mundial, 1994: X), o que evidencia que países com índice de pobreza elevado recebem, por parte do Banco Mundial, aconselhamento quanto às políticas econômicas a serem adotadas, dando assistência técnica e servindo como catalisador de investimentos ao setor privado. "O tema da pobreza, por diversas razões, é alvo de mais atenção no Brasil hoje do que em qualquer outra época passada. O Presidente Fernando Henrique Cardoso fez da justiça social uma prioridade em seu governo" (Banco Mundial, 1994: X). Com isso, o Banco Mundial passa a exercer profunda influência nos rumos do desenvolvimento mundial, devido ao volume de recursos disponíveis para a abrangência de sua área de atuação, bem como ao caráter estratégico que vem desempenhando no processo de restruturação neoliberal dos países do terceiro mundo, através de políticas neoliberais de ajuste estrutural. A nova ordem mundial leva o Banco Mundial a voltar seus olhos para as ONGs, partindo da compreensão de que,

> nos últimos anos, as Organizações Não Governamentais de desenvolvimento vêm ocupando o espaço informal que o governo não soube preencher. Entre elas, estão organizações relativamente bem estruturadas de apoio a grupos de base, as quais oferecem benefícios e serviços a grupos de baixo poder aquisitivo; organizações de base tais quais cooperativas e associações municipais; e movimentos sociais locais, estaduais e nacionais da população de baixo poder aquisitivo, os quais tendem a ser mais efêmeros, se bem que normalmente mais arrojados, e dedicados, às vezes, a problemas mais específicos (Banco Mundial, 1994: 8).

Assim, passa a conceituá-las como Organizações privadas que desenvolvem atividades visando aliviar o sofrimento dos pobres, protegendo o meio ambiente, promovendo serviços sociais básicos ou empreendendo desenvolvimento comunitário. Justificam que os bilhões de dólares aplicados em projetos para desenvolvimento social não chegam aos seus destinatários devido a defeitos congênitos do serviço estatal, ao passo que os escassos recursos que as ONGs conseguem não só chegam aos seus destinatários, como também, são racionalmente aplicados, o que as coloca numa posição privilegiada, pois passam a ser vistas como honestas, competentes, pequenas, flexíveis e eficientes. Ao fazer essa análise o Banco Mundial busca uma aliança com as ONGs, bem como as apresenta como alternativa para substituir a ação do Estado no campo do desenvolvimento social. Essa mudança corresponde objetivamente a políticas estratégicas do grande capital, realizada através do Banco Mundial, ou seja, a implementação de políticas neoliberais de liberação das forças do mercado das amarras ou do controle dos Estados a partir do discurso de que é necessário reduzir o papel do Estado para não provocar entraves ao desenvolvimento do mercado.

As ONGs passam a ser procuradas com o objetivo de se tornarem a alternativa política para as estratégias neoliberais, num sentido de conseguir parceiros para uma política antiestatizante capaz de desenvolver a sociedade em harmonia com o mercado. Nesse caso, às ONGs caberia o papel de amenizadoras ou anestesiadoras dos conflitos sociais.

Nas palavras de Souza (1992), as ONGs não podem substituir as políticas desempenhadas pelo Estado, muito menos querer sanar as consequências sociais do capitalismo, nem domesticar as chamadas forças livres do mercado. As ONGs devem colocar-se como sujeitos sociais da sociedade civil, trabalhando pela construção da sociedade democrática atuando na base e se posicionando contra a exclusão social e a perpetuação da desigualdade. No calor dessa discussão e da implementação do novo conceito de políticas sociais, nasce o Programa *Comunidade Solidária* (1994), que afirma os princípios de intervenção social definidos pelo Banco Mundial, ou seja, trabalhar com financiamentos de projetos utilizando as ONGs como prestadoras de serviços.

> As ações que compõem o Programa não se limitam ao campo de atuação que convencionalmente demarca o espaço das políticas sociais. O combate à fome e à pobreza é uma ação de governo e, como tal, abrange a totalidade das questões abordadas nos diferentes segmentos da administração pública, nas áreas econômicas, setorial e social. Nesse sentido o programa pode ser visto como um conjunto de ações, cujos componentes serão escolhidos em função do mérito que possuem enquanto agente importante para a promoção da melhoria das condições sociais dos segmentos mais pobres da sociedade (Brasil, Projeto Comunidade Solidária, 1994: 1).

Com isso, na proposta do Programa *Comunidade Solidária* fica estabelecido que as políticas sociais, a partir de então, serão entregues às ONGs e mesmo ao Terceiro Setor, considerando não só sua competência, mas, fundamentalmente, cumprindo a política estabelecida pelo Banco Mundial: "A gente quer trabalhar com o apoio da sociedade, porque a sociedade faz melhor que o governo. O governo tem uma ideia clara de sua política social e concentra recursos em que pode obter os melhores resultados".[46] Para reforçar o papel intermediador do Estado, foi criado um conselho que envolverá Estado e sociedade civil, cuja finalidade é mobilizar para o apoio aos projetos. À sociedade caberá a divulgação nacional e internacionalmente dos programas, além de pensar, considerando o setor governamental e não-governamental, as ações voltadas para o combate à fome; fomentar as parcerias com órgãos públicos federais, estaduais e municipais, promovendo campanhas de conscientização e responsabilização da opinião pública.

O Programa Comunidade Solidária foi criado com um claro propósito de substituir as diversas instituições de ação social extintas pelo Governo Federal. O referido Programa foi anunciado como "um conjunto específico de ações governamentais que podem proporcionar benefícios imediatos para a população pobre que não dispõe de meios necessários para prover o atendimento a suas necessidades básicas" (Brasil, Projeto Comunidade Solidária, 1994: 3). Assim é preciso frisar que esse Programa reduziu muito o corte social da ação de governo. Com isso, abandona-se o modelo institucional para adotar uma escala de política social muito limitada, ou seja, desenvolver ações que, na verdade, só dizem respeito a uma parte do previsto como forma de assistência complementar ao problema específico da fome. O que confirma a ideia de que há uma significativa retração das políticas públicas e sociais por parte do Estado. Em lu-

---

[46] Trechos da entrevista da primeira dama Ruth Cardoso e presidente do Conselho da Comunidade Solidária, em 19 de maio de 1996, ao jornal O Globo.

gar da universalização de políticas sociais públicas, como direitos de cidadania, que também seria um discurso próprio do Estado liberal, desenvolvem-se ações pontuais e focalizadas, visando amenizar as tensões sociais ou mantê-las dentro de limites que não prejudiquem o funcionamento do mercado.

É a partir da definição dessas diretrizes, e sob a orientação do Banco Mundial que se estabelecem formas de intervenção social, quais sejam: planejar, assistir financeiramente alguns projetos e fiscalizar os recursos destinados. Assim, "não cabe ao Governo Federal a iniciativa das ações voltadas para a seleção das prioridades locais e a execução do Programa no âmbito de cada município".[47] Dessa forma, fica estabelecido que ao governo federal competem iniciativas no conjunto da comunidade, buscando, através da descentralização de suas políticas, parcerias com as ONGs.

Diante da definição dessas políticas e da escassez de recursos internacionais, as ONGs passam a disputar o fundo público, podendo ser analisadas num duplo prisma: um que compromete e ofusca as ONGs que desenvolvem um trabalho social no campo educacional, e outro que analisa as que passam uma falsa alternativa democrática de eficiência ao Estado. É preciso contestar o conceito de necessidades básicas da aprendizagem e a "visão ampliada" da educação, contidos na Declaração da Conferência Mundial de Educação para Todos (1990), a qual estabelece que cada pessoa deve estar em condições de aproveitar as oportunidades educativas voltadas para satisfazer as necessidades básicas de aprendizagem.

São duas as distinções contidas na noção de necessidades básicas da aprendizagem daquela Declaração. Em primeiro lugar, fala-se de ferramentas essenciais para a aprendizagem que possibilitem todas

---

[47] Entrevista da primeira dama Ruth Cardoso e presidente do Conselho da Comunidade Solidária, em 19 de maio de 1996, ao jornal O Globo, já citada.

as outras etapas de aprendizagem posteriores. Entre essas ferramentas, encontram-se a leitura, a escrita, a expressão oral, o cálculo e a solução de problemas. Em seguida, fala-se dos conteúdos básicos da aprendizagem, incluindo não somente os conteúdos teóricos e práticos, mas também os valores e atitudes necessários para que os seres humanos possam sobreviver, desenvolver plenamente suas capacidades, viver e trabalhar com dignidade, participar plenamente no desenvolvimento, melhorar a qualidade de vida, tomar decisões fundamentais e continuar aprendendo.

Sobre isso, Coraggio (1997) mostra que as políticas definidas pelo Banco Mundial atingem as populações de dois modos. Primeiro porque recai sobre as classes médias o ônus de pagar pelos "serviços" básicos de educação e saúde, aos quais têm direitos e pagam impostos. Segundo porque, às populações pobres restam "serviços" básicos, no sentido de mínimos, ou seja, de qualidade inferior, oferecidos por instituições oficiais ou extraoficiais, no caso, as ONGs. Como explica o autor, durante a vigência do Estado do Bem-Estar Social as políticas sociais eram tratadas como direitos de cidadania, portanto, eram universais. À medida que a mercantilização se espraia por todos os espaços da sociedade as políticas sociais e as suas concepções vão modificando-se. Todos têm direitos, mas aqueles que têm condições de buscar a satisfação desses direitos no mercado poderão fazê-lo escolhendo os serviços com a qualidade pela qual podem pagar; aos efetivamente pobres, que não têm nenhuma forma de ganho, o Estado poderá oferecer serviços, através, ou de políticas focalizadas, direcionadas a populações bem específicas, ou de programas pontuais, temporários, para atender populações e regiões específicas, sem, no entanto, afetar o setor de maior concentração da riqueza, senão aos setores médios da população, que antes se beneficiavam de políticas sociais. Nessa ótica, os menos pobres deverão distribuir seus ganhos com os mais pobres, pagando por serviços para que estes tenham alguns serviços de qualidade duvidosa. Isto se agrava quando se trata da educação porque esta afeta as expectativas de melhoria social.

> Esta proposta supõe uma transação nem sempre evidente: o "para todos" significa degradar o conceito mesmo de saúde, educação, saneamento, o que se reflete no adjetivo "básico". Se supõe que quem pode adquirir a parte "não básica" desses serviços não estão interessados, ou estão excluídos de ter acesso ao pacote básico pela via pública. Em razão disso, se segmenta a população em dois níveis: 1) os que só têm serviços básicos gratuitos ou subsidiados (os pobres) que tendem a ser de pior qualidade; 2) os que obtêm serviços mais amplos, totalmente através do mercado, incluindo serviços "básicos" de melhor qualidade (Coraggio, 1997: 27).

Com isso, as ONGs que trabalham com educação se dizem capacitadas para oferecer uma contribuição fundamental neste campo, entre outras razões, pela sua proximidade das comunidades e dos grupos específicos da população e pela sua capacidade de conhecer, de modo preciso, as necessidades básicas de tais grupos. Porém, a partir dos relatórios de Jomtien (1992), se não forem realizadas mudanças, a situação de insatisfação das necessidades básicas da educação permanecerá e, portanto, persistirá a incapacidade de atuar de modo competente em distintas esferas da vida.

Em segundo lugar, constata-se a necessidade de uma mudança significativa em relação à forma como se está desenvolvendo o trabalho educativo. Essa mudança consiste em melhorar a qualidade da educação sem abandonar a tendência das últimas três décadas à universalização da educação fundamental. Em suma, para o Banco Mundial o desafio para todos os países consiste em encontrar formas viáveis para satisfazer as necessidades básicas de aprendizagem de sua população através de parcerias com as ONGs. Neste ponto, a ação das ONGs pode ser concebida como um instrumento já testado e desenvolvido pronto para contribuir, de modo decisivo, para a ampliação da educação básica.

Também, em relação à educação fundamental, o Banco Mundial apresenta as ONGs como os únicos organismos capazes de entrar na esfera privada ou comunitária das crianças mais pobres para, a partir daí, conseguir os recursos materiais e simbólicos adicionais e complementares aos da escola, com o objetivo de diminuir o efeito da pobreza na aprendizagem. Seu caráter de organizações sem fins lucrativos e não-estatais, e com uma grande tradição de trabalho com essas comunidades, possibilita que se aproximem dessas esferas, respeitando sua cultura e sem menosprezar sua dignidade.

> É preciso conjugar todos os recursos possíveis para atender aos novos desafios, tendo em mente que os recursos e iniciativas do Estado são insuficientes. Neste contexto, deve-se ressaltar as parcerias extra-governamentais que se dão na sociedade civil e a contribuição que proporcionam à tarefa de atender às necessidades básicas de aprendizagem. As ONGs são parte constitutiva desse tipo de parcerias. O trabalho das ONGs passa a ter muita importância, em virtude de sua contribuição ao desenvolvimento e prática de novas concepções pedagógicas que se expressam em diferentes práticas de educação popular (UNICEF, 1992: 21).

Em relação à educação para o trabalho, as ONGs têm testado e aplicado, com êxito, programas destinados a capacitar os jovens mais pobres da sociedade, oferecendo-lhes, ao mesmo tempo, ferramentas para compreender e decifrar sua situação social (UNICEF, 1992). É, realmente parece que as ONGs são a solução. Mas será que são?

Ao mesmo tempo, as ONGs têm muitas experiências e conhecimentos de trabalho educativo eficaz, respeitando e apoiando-se, inclusive, na cultura própria das comunidades, questão fundamental para que a escola, como instituição, veja e respeite a cultura dos educandos mais pobres.

A política educacional em uma perspectiva emancipatória

Em se tratando da perspectiva educativa constata-se uma situação precária que persiste há décadas sem que haja ação consistente do Estado para sua superação. Nesse sentido, o Governo brasileiro formula políticas a fim de satisfazer às exigências dos organismos internacionais, sendo uma das diretrizes assegurar à população o direito à educação, colaborando, dessa forma, com o esforço mundial de universalização da educação básica.[48]

Esse fato levanta sérias dúvidas a respeito do interesse do Estado em adotar políticas educacionais que garantam à população condições de superar a precária situação social a que é submetida. Parece, assim, que o caso da educação constitui mais um péssimo exemplo do poder público para com os serviços essenciais assegurados à população na Carta Constitucional. Porém, se a universalização da educação é um dever do Estado e um direito inalienável da população e se é algo desejável do ponto de vista dos Movimentos Sociais, por que não consegue tornar-se realidade? Nesse sentido, é preciso fundamentar e qualificar as reivindicações daqueles que nesse momento não conseguem ter voz alta suficiente para se fazer ouvir e dizer que não são simplesmente incultos, incapazes, invejosos e marginais perigosos; são, acima de tudo, seres humanos, querem e devem ser tratados como tal.

Tomando a questionável linguagem da exclusão/inclusão,[49] do Banco Mundial, não basta que as ONGs lutem por inclusão na so-

---

[48] Haja vista a criação do Fundo de Desenvolvimento e Manutenção do Ensino Fundamental e Valorização do Magistério – FUNDEF (Davies, 1999) e todo o pacote educacional constituído através dos Padrões Curriculares Nacionais – PCNs.
[49.] Esse conceito padece de uma imprecisão porque "a inclusão está incluída na própria dinâmica do processo de produção capitalista..."; apresenta um viés ideológico, "porque desloca a atenção da luta de classes, que se dá no coração da produção capitalista, para a luta por políticas sociais compensatórias (de inserção e/ou de inclusão)". E, por "desviar a atenção que deveria centrar-se na compreensão da guerra

ciedade através da educação, é preciso qualificar essa inclusão, uma inclusão interessada ou desinteressada, partindo da compreensão de que interessada seria aquela inclusão tutelada, e desinteressada aquela inclusão capaz de possibilitar as mais diversas variáveis de formação. Não admitindo, por exemplo, o que vem acontecendo em outros países, estimulados pelo Banco Mundial no campo educacional, conforme indicam as citações abaixo, retiradas do Relatório deste Banco.

> Na Bolívia, a terceirização da administração de escolas públicas com uma organização religiosa local está produzindo resultados promissores. O governo contratou com a organização religiosa "Fé y Alegría", a administração de muitas escolas públicas, principalmente secundárias. Antes de aceitar a incumbência, a "Fé y Alegria" pleiteou (e recebeu) o direito de nomear diretores e professores e de permitir que os professores trabalhassem no turno da manhã e da tarde, em vez de três horas e meia reservadas para instrução nas escolas públicas ... Os professores e alunos convergem em massa para a escola da "Fé y Alegría", e muitas famílias pagam taxas adicionais para que seus filhos as frequentem... Essa parceria público-privado entre o governo e uma ONG religiosa parece ser tão bem sucedida que o governo está considerando a sua adoção como possível modelo para a forma nacional de ensino... O Sri Lanka aprovou em 1993 uma lei que estabelece conselhos de desenvolvimento escolar para promover a participação comunitária na administração escolar. Muitos países constataram também que as comunidades que participam da gestão escolar são mais propensas a colaborar para o financiamento das escolas... A Botsuana constatou a dificuldade de contratar pessoal qualificado para as juntas de governos de escolas secundárias de nível mais baixo, especialmente em áreas rurais. Em dois distritos de Uganda, uma ONG internacional está oferecendo treinamento comunitário a associação de pais e mestres e à administração, a fim de assegurar a qualidade de ensino e a melhoria da gestão escolar... Em Singapura o governo ajuda

que o capital, na sua feição neoliberal, move contra o trabalho", dificulta "a formulação de estratégias para o enfrentamento à realidade e ao estado de exclusão" por parte dos movimentos sociais (Ribeiro, 1999: 42-43).

as ONGs a contratar pessoal, põe a sua disposição prédios não utilizados a aluguéis nominais e custeia até a metade dos gastos recorrentes e de capital das instalações por elas operadas com vista para o bem estar-social... (Banco Mundial, 1997: 93-94).

Assim, percebe-se que o Banco Mundial já vem, há algum tempo, implementando suas políticas na área educacional, principalmente no que diz respeito à desregulamentação da ação governamental e implementação das parcerias, o que, certamente, desobrigaria o governo de desenvolver uma série de políticas para dotar a sociedade de condições necessárias para um funcionamento mais saudável, nos aspectos de geração de emprego, moradia e segurança. O Estado precisa ficar liberado dessa tarefa, repassada às ONGs, cujos programas focalizam a "inclusão".

A partir dos anos 90, o Banco Mundial consegue adquirir maior respaldo no Brasil, passando a ser visto como importante à implementação de novas políticas sociais, para os países mais pobres, políticas estas que são fundamentais aos rumos estratégicos definidos no modelo neoliberal de desenvolvimento. Isso porque, segundo dados do *Relatório Principal de 1994*, do Banco Mundial, sobre a *Avaliação da Pobreza no Brasil*, a economia brasileira foi uma das que mais cresceu no mundo nas cinco décadas que precederam aos anos 80. Em contrapartida, no início da década de 1990, o número de pobres no Brasil sofreu um acréscimo de milhões de pessoas. A experiência internacional sugere, no combate à pobreza, três elementos de igual importância: expansão econômica que incentive o uso da mão-de--obra abundante (dos pobres); provisão de serviços sociais básicos para os pobres, porém os idosos que habitam regiões desprovidas de recursos continuarão a viver em condições de privação; e transferência de recursos com objetivos bem definidos e sistemas sociais de proteção, como parte essencial da estratégia geral.

Percebe-se uma mudança no papel desempenhado pelo Banco Mundial. Até os anos 70, sua intervenção efetuava-se apenas como um órgão técnico e financiador de projetos específicos. Todavia, a partir dos anos 80, passa a intervir mais nas políticas públicas e sociais, o que implica em uma atuação muito mais política, especialmente no que se refere a monitorar o processo de ajustes estruturais impostos aos países membros, base para implementar a globalização e discutir o papel social das ONGs nesse processo de re-estruturação da sociedade.

Essas características do Banco Mundial permitem vê-lo sob um novo prisma, ou seja, o seu discurso passa a ser mais de caráter humanitarista, o que corresponde às exigências de justiça social dos países mais empobrecidos. Assume a pobreza, estrategicamente, como forma de mostrar à sociedade mundial que, na perspectiva do neoliberalismo, as políticas educacionais não foram esquecidas. Porém, esse ideal toma como base um discurso que carrega, no seu interior, princípios como o da equidade e eficiência, significando que é preciso ser eficiente para que haja uma melhor distribuição de renda.

O financiamento das políticas educacionais através das ONGs faz parte dessa estratégia do Banco Mundial. Seria como efetuar um Estado de Bem-Estar global na medida em que o modelo de desenvolvimento desenhado ganhasse adesão, substituindo, assim, a forma herdada, ou seja, o próprio Estado de Bem-Estar Social. Desse modo, é preciso que se estabeleçam os principais elementos de gênese e consolidação das ONGs, no sentido de construir seus perfis histórico-institucionais, bem como analisar os pressupostos sociológicos que marcam a sua atuação no contexto dos anos de 1990, para apreender as perspectivas que apontam as influências no estabelecimento dos rumos que o Banco Mundial quer impor às políticas educacionais voltadas para uma suposta melhoria das condições sociais.

A partir dessa análise algumas questões me ocorrem. De um lado, pergunto: dentro de perspectivas em que, no mundo globalizado, as fronteiras nacionais estão cada vez mais se extinguindo, como será que as ONGs se comportarão diante desse novo conceito apresentado pelo Banco Mundial, ou melhor, de que modo essas organizações poderão substituir o Estado na implementação de políticas educacionais? Por outro lado, será que é possível recuperar o tradicional conceito das ONGs para que possam continuar com o seu papel de implementar políticas educacionais até determinado limite e, posteriormente, essas políticas ficarem a cargo dos governos (municipais, estaduais e federal)? Essa forma de encarar as políticas educacionais, pelo Banco Mundial, pode, de fato, contribuir para o fim das injustiças sociais nos países do terceiro mundo?

Como se pode perceber, a perspectiva da educação apontada pelo Banco Mundial é muito bem articulada aos interesses de uma classe que se constitui, enquanto tal, pela apropriação da terra e do produto do trabalho. Contrapõe-se àquilo que defendemos como fundante na educação para a classe que vive do trabalho, partindo da concepção gramsciana de educação e formação humana. Nesse sentido, é possível afirmar que a lógica educacional que sustenta o pacote de ajustes impostos pelo capitalismo, através do Banco Mundial, tem o propósito único de submissão da classe trabalhadora aos seus ditames.

Olhando-se a política educacional sob um outro ângulo, o de uma perspectiva emancipatória, é preciso, então, recuperar a atualidade e pertinência do pensamento marxista. Este supera uma teoria do conhecimento, e é, antes de mais nada, uma postura filosófica, uma tomada de posição, uma práxis. O marxismo não é um pensamento limitado a pequenos grupos de intelectuais, e sim uma filosofia da classe que vive do trabalho, a ideologia que organiza esta classe para a conquista e exercício da hegemonia, como diria Gramsci (1978).

Assim, o que se quer propor é a inversão dos conceitos estabelecidos e difundidos pelos organismos que sustentam a reprodução e acumulação do capital. Isso nos remete a Marx e Engels (1993), no livro, *A Ideologia Alemã*, em que se observa uma inversão do pensamento hegeliano, na afirmação seguinte: "não é a consciência que determina a vida, mas a vida que determina a consciência". Dessa forma, parte-se do pressuposto de que todo homem é um intelectual, exatamente por compreender que toda atividade humana corresponde a uma determinada concepção de mundo. Por isso, há necessidade de se romper com a dicotomia no processo educativo que define um tipo de educação para a classe trabalhadora e outro para a burguesia, ou escolas particulares bem aparelhadas para esta classe e ONGs ou Terceiro Setor, com projetos educativos focalizados ao mercado em constante mutação, para as camadas populares, como quer o Banco Mundial.

O processo educativo, decisivo na formação humana, é um processo coletivo posto que envolve instituições sociais, como a família, a escola, a igreja, os meios de comunicação... Por isso a educação não pode ser fragmentada. É preciso lembrar que, "antes de existir o operário existe o homem que não deve ser impedido de percorrer os mais amplos horizontes do espírito, subjugado às máquinas" (Gramsci, 1981: 19). Nesse sentido, o pensador italiano nos alerta para o divórcio existente entre os grupos intelectuais e as camadas populares, insistindo na necessidade de integrá-los ao processo educativo, fazendo da escola não um espaço de segregação, mas um local de integração. E dessa forma, torná-los orgânicos da classe trabalhadora, forjando uma unidade entre escola, vida e trabalho.

Sob esse aspecto, a educação escolar passa a ser encarada como um ato de libertação, facilitando o aparecimento da solidariedade desinteressada e o desejo de buscar a verdade. Porém, o ensino precisa ocorrer de tal forma a estimular o progresso intelectual, para que os trabalhadores saiam da simples reprodução de palavras panfletárias e consolidem uma visão crítica do mundo onde se vive e se luta. Dessa forma, o ambiente escolar pode tornar-se mais rico e orgânico nas suas relações.

É nesse processo que entendo ser primordial o aspecto educativo, pois ao tomar o ser humano como potencialidade de uma unidade, Gramsci trabalha com uma concepção de educação/escola que vise essa formação completa, através da *Escola Unitária*, ou seja, uma educação que propicie a igualdade de ação em se considerando a capacidade de se trabalhar a parte manual (técnica e industrial), ao mesmo tempo em que é desenvolvida a sua capacidade de trabalho intelectual.

A escola unitária dá suporte a essa concepção de humano, através da construção de um conhecimento que pressupõe um método autônomo e espontâneo a partir da criação coletiva, o que não significa uma escola de "inventores e descobridores". Nesta ótica, a aprendizagem desenvolve-se naturalmente a partir da relação educador-educando e vice-versa, de modo que este possa, de maneira autônoma, descobrir as verdades as quais, mesmo que sejam velhas, demonstrem a absorção do método, demonstrando uma certa maturidade intelectual no processo de descoberta de novas verdades. Com isso, a escola unitária significa não só um novo tipo de relacionamento entre o campo intelectual e o manual, como também um novo tipo de relação social de produção.

Essa formação educativa, voltada a uma concepção de educação diferenciada é imprescindível na consolidação social da classe trabalhadora para estabelecer o seu potencial no processo de aquisição de conhecimento. É preciso considerar as mudanças pelas quais o mundo vem passando, para que não se tenha uma formação abstrata, aquém dos avanços tecnológicos e sociais. A escola regular do sistema de ensino vigente, além de não atender as necessidades educacionais dos trabalhadores, é excludente e elitista, organizada de acordo com os interesses de uma minoria privilegiada, promovendo a ideologia de que a escola é um espaço democrático de aquisição do saber historicamente acumulado.

Por isso, um ponto importante, ao qual deve-se estar atento na organização da prática educativa, é de que uma escola unitária ou de formação humanista, que busque uma formação *omnilateral*, que considere a práxis educativa e a relação educador-educando, que dê suporte a uma concepção de formação das novas gerações de acordo com a ótica do trabalho, tem de ser um dos elementos fundamentais do projeto social da classe trabalhadora.

É essa concepção de educação que vai ratificar a ideia de que o Estado sempre foi privado e garantidor da máxima expansão da classe dominante/dirigente. Porém, para sua maior "eficácia" e "eficiência", precisa mostrar-se social, para ter condições de articular o conjunto dos trabalhadores. Contraditoriamente, o que temos assistido é uma crescente privatização dos serviços e de órgãos públicos implementadores de políticas sociais, mas que trazem embutida uma forte ideologia de melhoria das condições sociais desses trabalhadores.

As ONGs, como foi afirmado antes, possuem, entre seus quadros dirigentes e formadores pedagógicos, pessoas que foram militantes de esquerda e que, portanto, são conhecedoras do pensamento marxista. Isso ajuda a compreender seu movimento contraditório de ressignificar as demandas comunitárias, estimulando as organizações dos trabalhadores em torno de direitos sociais "legais", entre eles, a educação, no limite do que lhes permite o uso dos recursos fornecidos pelos agentes que as sustentam. De um lado, isso explica sua capacidade, maior do que a da escola, de comunicar-se com a comunidade e de envolver-se com esta, através de um trabalho pedagógico mais inteiro; de outro, sua impotência para romper aquele limite, o dos recursos que a sustentam, desocultando sua dependência e sua incapacidade de atuar como intelectual coletivo, vinculado à classe que vive do trabalho.

4

A FEDERAÇÃO DE ÓRGÃOS PARA ASSISTÊNCIA SOCIAL E EDUCACIONAL – FASE

Neste capítulo será trabalhado o sujeito histórico FASE. Para tanto serão considerados os anos 1960 e 1970, de modo que possamos compreender um pouco de sua trajetória histórica. Na sequência serão considerados os anos 1980 e 1990, sendo que, para fazer essa análise, foram sorteados números da Revista *Proposta*,[50] de modo a permitir que sejam analisados os editoriais e os textos produzidos prioritariamente pelos entrevistados,[51] que expressam a forma de pensar e de se fazer daquele sujeito histórico – a FASE – nas referi-

---

[50] O compromisso fundamental da Revista *Proposta* é com a educação popular. Ela é um instrumento de sistematização, de reflexão crítica e de divulgação de experiências de educação popular, bem como de investigação e análise das condições em que as classes populares crescem em organização e participação política. A agenda de educação popular não é e nem pode ser independente das questões políticas enfrentadas pelos movimentos populares. A sua tarefa, enquanto proposta e prática educacional, é exatamente desenvolver um saber adequado e capaz de potencializar as lutas das classes populares em torno de seus problemas, reivindicações e aspirações (Fase, Revista Proposta, n. 40, 1990).

[51] Matheus, Pacheco, Cunca, Durão e Leroy, por entender que são esses dirigentes que vêm construindo a FASE historicamente, produzindo o seu pensamento e sua forma de atuação. Chamo atenção para o fato de que os entrevistados concordaram e assinaram o termo de consentimento a fim de que seus nomes constassem na tese.

das décadas. Concomitante a essa discussão, a FASE será analisada enquanto instituição de educação popular.[52] Penso que, dessa maneira, seja possível perceber se houve ou não diferença na sua postura política junto aos movimentos sociais no período analisado e compreender as contradições que enfrenta enquanto entidade ou ONG.

Quero inicialmente salientar que os documentos cedidos pela FASE são poucos, o que não quer dizer que sejam insuficientes, mas que impõem limites a uma análise mais rigorosa de suas atividades e de seus resultados. Essa dificuldade é justificada devido à transferência do setor de documentação de sua sede principal para outro espaço que ainda não está organizado, o que, como já afirmei, impossibilita uma pesquisa em maior profundidade.

História, concepções de educação popular e desenvolvimento comunitário da FASE

Nascida no ano de 1961, a FASE se origina no interior da Cáritas,[53] que desenvolvia, no Brasil, entre outras atividades um programa de alimentos que, em princípio, seriam distribuídos a famílias vítimas da fome.

> A FASE nasceu de fato no ano 61, e naquele momento ela surgiu com uma perspectiva de trabalho mais assistencial. Por isso ela tem a palavra assistência social no nome, e também a palavra federação, porque ela nasceu como um conjunto de ações de várias par-

---

[52] Nos anos 1960/1970, a FASE entende educação popular como conceituado por Minayo e Valla (1982: 1), ou seja, vinculam "o que se chama hoje de 'educação popular' no Brasil a um processo mais amplo que se desenvolveu ao nível internacional durante a primeira metade do século XX. Na realidade foram as autoridades inglesas responsáveis pelo surgimento, na década dos anos 40, do termo 'desenvolvimento comunitário', um conjunto de atividades pelo qual lançaram mão com a finalidade de controlar o processo de autonomia dos movimentos sociais populares".
[53] Instituição vinculada à Igreja católica que financia projetos sociais.

tes do país e mais com esse caráter federativo mesmo. Nasceu num movimento no interior da Igreja, por um padre ligado a um setor da CNBB que fazia um trabalho mais pastoral social. Foi inspirada do ponto de vista teórico pela influência da sociologia americana do funcionalismo com os estudos de comunidade, tanto que naquela época havia o que se chamava de catorze sistemas. A sociedade tinha a perspectiva de entender uma comunidade do ponto de vista econômico social. A FASE já nasce, então, isso que é o importante, com uma perspectiva mais assistencial, com uma perspectiva de intervenção social de relação direta com setores da população, demarcando seu trabalho mais social, sociopolítico, atravessando a ditadura e prisões das quais eu não tenho informações detalhadas. A FASE orientava; no lugar de dar o peixe, ensinava a pescar. Você imagina que a primeira iniciativa para buscar recursos – eu já vivo isso, porque é algo que vai também mudando na história – foi uma campanha de motorização do clero. Era assim que chamava a campanha naquela época para arrecadar recursos para que houvesse a execução dos trabalhos pelas pessoas que estavam na FASE. O padre que a criou que é padre Laivo, vivo até hoje; é um padre americano e, junto com a equipe, deu início a esse trabalho e procurou criar condições pra que as pessoas se deslocassem para os povoados e pudessem fazer esse trabalho educativo (Pacheco, FASE-RJ, 12/3/2004).

Assim, a criação da FASE se insere em uma conjuntura e em uma concepção que decorre de um processo iniciado, no Brasil, com a chegada do *Catholic Relief Services* (CRS), órgão da ação social da Conferência dos Bispos dos Estados Unidos da América (EUA). O CRS foi fundado em 1943, para socorrer vítimas da guerra e da fome, e chega a São Paulo em 1956, com a finalidade de distribuir alimentos no Brasil. Para isso, recebe verbas do governo norte-americano através de uma entidade intermediária, a Cáritas. Na realidade, a distribuição de alimentos visava o desenvolvimento da caridade dentro da pastoral geral da Igreja Católica no Brasil.

Um dos primeiros coordenadores da Cáritas é o Padre norte americano Edmund Leising, ex-provincial e radicado aqui no Brasil.

Foi no início dos anos de 1960 que o Pe. Leising iniciou o trabalho de montar mais de 50 escritórios da FASE nos Estados de São Paulo, Rio de Janeiro, Minas Gerais e Mato Grosso. Se, por um lado, fazia sentido para os norte-americanos distribuir alimentos para os brasileiros pobres, por outro, a conjuntura latino-americana levava muitos intelectuais, inclusive ligados à Igreja ou mesmo religiosos, no Brasil, a discordar desse tipo de assistência. Confrontavam-se, de um lado, a construção do parque industrial de São Paulo, e da cidade de Brasília que viria a substituir o Rio de Janeiro como capital do país. Essas construções simbolizavam desenvolvimentismo e progresso material. De outro lado, havia a imagem da Revolução Cubana, o aparecimento do método Paulo Freire, em Pernambuco, e a criação do Movimento de Educação de Base (MEB), da Igreja católica, demonstrando a preocupação existente com a injustiça social e adotando métodos não-assistenciais e sim organizativos de lidar com essa injustiça.

> Pe. Leising, apesar de ter assumido a coordenação do CRS/Cáritas, fazia parte da corrente que discordava da distribuição de alimentos, quer como solução para a fome, quer como instrumento de promoção humana. Por essa razão, cria paralelamente, mas com o apoio do CRS, a FASE. Como indica o próprio nome, a FASE foi concebida como uma Federação, ou seja, a tentativa de reunir, numa só entidade civil, muitos trabalhos assistenciais e educacionais no Brasil. Assim, seu caráter civil ampliaria sua capacidade de captar recursos, não se limitando às fontes religiosas. Na realidade, a FASE vai atuar no raio de atuação da Cáritas e mesmo que se por um lado ficou limitada pela própria razão de ser da Cáritas, por outro foi sua expansão ao nível nacional que permitiu a FASE se expandir também (Minayo e Valla,1982: 3-4).

No início, a FASE contou com uma equipe de mais de 70 técnicos que atuavam em 8 Estados da Federação, com 13 escritórios localizados de Belém, no Pará, a Porto Alegre, no Rio Grande do

A federação de órgãos para assistência social e educacional

Sul. Suas atividades incluíam, dentre outras, a captação de recursos para iniciativas de educação popular, bolsas de estudos para crianças carentes, manutenção de leprosários, treinamento de mão-de-obra, formação de assessoria sindical e assessoria a outras iniciativas de organização popular nos meios urbano e rural.

É preciso recordar que, no pós-Segunda Guerra Mundial, a ONU sugere o desenvolvimento comunitário[54] como forma explícita de mobilizar as populações carentes contra a miséria e, implicitamente, como forma de conter o avanço do comunismo. Por isso, era preciso disponibilizar às autoridades dos países do terceiro mundo cursos rápidos profissionalizantes e de alfabetização como meios de lidar com uma industrialização que se instalava com grande velocidade na década de 1950, e que acaba favorecendo o surgimento de convênios de assistência técnica e de educação primária entre os governos norte-americano e brasileiro e as propostas de educação de adultos, desenvolvimento comunitário e a distribuição de alimentos (Minayo e Valla, 1982; Calazans, 1993).

---

[54] Há pouca bibliografia a respeito do significado do "desenvolvimento comunitário". No Brasil há uma vertente que aponta para a assistência técnica e extensão rural, aliada à educação rural, conforme historia Calazans (1993), ou para o tratamento da "pobreza", como o Programa Aliança para o Progresso, no Nordeste (ARAPIRACA, 1982). Outra é referida especificamente à educação popular, através da crítica que Paiva (1984) dirige à mudança de postura da Igreja Católica em sua relação com o Estado, pois depende deste para reforçar seu aparelho escolar. Sob essa ótica formula-se uma concepção de escola pública (para todos) diferente de escola estatal (sob controle do Estado), podendo a primeira estar sob o controle da comunidade. "Em nome de uma pretensa autonomia comunitária, difunde-se a ideologia da paradoxal escola pública-privada-comunitária, que contribui para o conformismo sob a ilusão da participação, ao invés de impulsar a luta para que o Estado preste à população da periferia das cidades o serviço educativo a que tem direito" (Paiva, 1984: 36). Como se pode ver, a ideologia do "desenvolvimento comunitário", que pressupõe a capacidade de a comunidade pobre organizar-se com autonomia para resolver seus problemas, poderá ter diferentes interpretações em que, em meu entender, prevalece o fato de o Estado descomprometer-se com a oferta de serviços públicos enquanto direitos, porém sem a perda do controle sobre a organização das comunidades.

Há de se considerar que esse sentimento de "ajuda" foi despertado também devido à Revolução Cubana no ano de 1958,⁵⁵ que suscitou nos norte-americanos a necessidade da "luta contra a pobreza" nos países latino-americanos, levando-os a adotar programas de educação para negros e mestiços e a distribuição de alimentos visando a integração dessas populações a um Estado de Bem-Estar Social mínimo, capaz de inserí-los na lógica da sociedade capitalista.

Não é nem de forma aleatória nem por "compaixão" para com as populações pobres que o governo norte-americano, então, lança o seu "Plano Marshall" para América Latina no ano de 1961. A Aliança para o Progresso representou investimento de bilhões de dólares em programas ambiciosos de reforma política, econômica e social, assistência técnica e programas educacionais. Nesse sentido, a "subversão" seria combatida através de uma mensagem que pregava eficiência técnica e igualdade pela educação (Minayo e Valla, 1982), momento em que se fortalece e se intensifica a teoria do capital humano.⁵⁶

> A tensão já começa no início de 1970, quando são decretados atos institucionais que endureceram as relações com os movimentos sociais, e perdura até o fim de 1970 e início de 1980, provocando uma absoluta falta de liberdade de expressão e organização, mas que também se conscientiza e vai para um aprofundamento mais crítico nas populações da periferia e especialmente nas áreas rurais. Nas áreas rurais era a época do auge do choque entre a questão da terra e o plano do governo central de ocupar a Amazônia (Durão, FASE-RJ, 12/3/2004).

---

⁵⁵ Há divergências sobre o ano que demarca a Revolução Cubana; para os textos consultados e pessoas entrevistadas ela é vitoriosa em 1958; para outros autores, ela se define com o "triunfo de 1º de janeiro de 1959" (Sader, 1985).

⁵⁶ A ideologia do capital humano (Schultz, 1973; 1987) informou a educação tecnicista imposta pela ditadura militar, tanto no que tange à educação urbana quanto à educação rural, principalmente a assistência técnica desenvolvida com as comunidades rurais (Frigotto, 1984; Calazans, 1993).

Essas atividades, independentemente das pretensões políticas, giram em torno da educação extraescolar, forma de educação que surge em decorrência da expansão do capitalismo nos países industrializados e periféricos. Ou seja, a educação extraescolar significa, na verdade, um treinamento de mão-de-obra, alfabetizando adultos em um tempo restrito dentro de sua jornada de trabalho ou no tempo de sua folga ou mesmo pelo desenvolvimento comunitário através dos mutirões de autoajuda. Na realidade, essas são formas indiretas de acumulação de capital que simultaneamente satisfazem as exigências cada vez mais complexas da expansão capitalista.

> Segundo documentos da FASE, os agentes da CÁRITAS se enquadravam na perspectiva geral do programa de caridade da pastoral católica no Brasil. Nessa conjuntura, desenvolviam-se no país os programas de alfabetização e o trabalho de Paulo Freire, na versão de "Educação Popular" que se inaugurava. Pertencendo a uma linha de pensamento que divergia da distribuição de alimentos como forma de combate à fome e em parte afetado pela conjuntura apontada, Pe. Leising decide fundar uma instituição que tivesse autonomia perante as diretrizes do CRS. Assim, em 1961, surgiu a FASE, entidade de caráter civil, cujos objetivos iniciais foram de captação e distribuição de recursos aos pobres (Viegas, 1994: 54).

No ano de 1965, a FASE torna-se uma agência para projetos de desenvolvimento. Ou seja, passa a elaborar projetos de assistência técnica, bem como a captar recursos para executá-los. "Como havia carência de especialistas para a execução dos projetos, a FASE enviava técnicos para assessorá-los, o que gerava a necessidade de equipes técnicas em várias regiões de atuação da FASE" (FASE, 1986: 1).

> A FASE foi criada com esse nome, Federação de Órgãos para Assistência Social e Educacional, porque a ideia era de que se tornasse uma espécie de federação de projetos autônomos, e aí começou uma equipe aqui, outra ali, uma em Porto Alegre, uma em Fortaleza,

outra no Rio, outra em Vitória-ES, outra em Belém-PA, e assim por diante (Durão, FASE-RJ, 12/3/2004).

Dessa forma, a FASE propunha-se a desenvolver, nas parcelas da população com as quais trabalhava, projetos de educação e desenvolvimento, incentivando a participação, organização e solidariedade. Suas ações também estavam voltadas para criar, aperfeiçoar e transmitir uma metodologia que instrumentalizasse seus objetivos, assim como divulgar resultados de pesquisas, estudos e avaliações a partir de seu compromisso junto aos trabalhadores rurais, sem terra ou ameaçados de perdê-la. Atuava, principalmente, junto aos pequenos produtores sem financiamento para o plantio e explorados na comercialização de sua safra por intermediários, mas também com os assalariados rurais, os boias-frias, os trabalhadores rurais, de modo geral, sem direitos e marginalizados. Nas áreas urbanas atuava junto aos trabalhadores na defesa de seus direitos garantidos por lei e não cumpridos e na ampliação desses direitos, incluindo os trabalhadores desempregados e subempregados. Com os moradores da periferia desenvolvia trabalhos de mobilização por infraestrutura sanitária e educacional e por condições dignas de moradia (FASE, 1986). À "proposta de assessoria técnica aos trabalhos assistenciais e educacionais" (FASE, 1983: 5) é acrescentada, mais tarde, "a captação e distribuição de recursos" (FASE, 1986).

> Para tanto a FASE cria departamentos especializados e contrata profissionais para as respectivas áreas. Tratava-se de projetos de "auto-ajuda" em que a ênfase dada era no eficiente aproveitamento dos recursos que a própria comunidade podia dispor, visto que a "impessoalidade" do Estado impedia que esses chegassem aos "pequenos" (Viegas, 1994: 55).

Na verdade, a FASE oferecia serviços de doação em troca de poder desenvolver trabalhos com a população assistida. Assim, ao entregar donativos, fazia pregação entre os próprios paroquianos, procurando despertar o interesse da comunidade paroquial para esse problema social (FASE, 1983).

Nos anos de 1968-1970, a FASE começa a desenvolver trabalhos referentes ao Movimento de Criatividade Comunitária.

> O MCC parece ter um marco na história da instituição, pelo fato de que acrescenta aos eixos anteriores a formação de lideres comunitários, o que pressupunha um relacionamento mais estreito da instituição com a comunidade. Esse movimento alcançou grande amplitude, totalizando 118 comunidades atingidas até 1969, com a formação de 2.750 "animadores". E essa ligação maior com a comunidade, o contato entre os quadros técnicos e os movimentos que começam a se desenvolver na sociedade, aos poucos propiciam um caráter mais militante dos seus indivíduos componentes, também vítimas da repressão da ditadura militar (Minayo e Valla, 1982: 8).

Partindo do pressuposto de que não há um "novo" que não tenha surgido do "velho", a FASE justifica que o surgimento do MCC representa mais uma explicitação de seus objetivos:

> Promover o desenvolvimento global participativo da comunidade através da capacitação de seus líderes em criatividade comunitária e assessoria técnica a projetos dos programas do seu respectivo plano; proceder à complementação de recursos integrados em comunidades, insuficientes para a execução dos seus planos de desenvolvimento podendo, para isso, fazer convênios com entidades nacionais e internacionais dedicadas ao desenvolvimento, obter recursos financeiros técnicos, materiais, equipamentos, bem como móveis e imóveis (Minayo e Valla, 1982: 7).

Trata-se agora de contribuir para a reorganização das entidades populares, impedidas de existir nos períodos mais obscuros da Ditadura militar. Por isso, a FASE trabalhará com associações de moradores, oposições sindicais que lutam para desbancar as diretorias autoritárias e sem compromisso com suas bases, "assessoria jurídica relativa à questão da posse da terra rural e urbana e questões teóricas e práticas da comunicação popular, envolvendo a produção de subsídios pedagógicos, como cadernos, cartilhas, filmes, slides etc." (FASE, 1983). E, desse modo,

> promover, nas parcelas das populações com as quais trabalha, a educação e o desenvolvimento, incentivando para tal compromisso de participação, organização, solidariedade e criando ou estimulando para esse fim atividades, movimentos, organismos e associações (FASE, 1982: 3).

Analisando-se os textos da época percebe-se que a proposta MCC se embasava na "teoria científica" da organização humana, cuja visão de mundo encara a sociedade como sendo composta de 14 sistemas, ou seja: de parentesco, sanitário, de manutenção, de lealdade, de cooperativismo, de lazer, viário, pedagógico, religioso, jurídico, de segurança, de propriedade, de comunicação e de administração. Inspirava-se especialmente nas partes referentes à programação, planificação técnica, missões de desenvolvimento, qualidade de peritos voluntários. Por essa razão, a FASE fala, nessa época, da existência de técnicos de nível superior, ou seja, de pessoal especializado cuja tarefa era a formação de lideranças, que, por sua vez, tinham o compromisso de "liberar a capacidade criativa do homem comum" (Minayo e Valla, 1982).

Na avaliação feita por Minayo e Valla (1982), quando analisam mais detalhadamente o período do MCC, o que se destaca são as concepções do técnico dedicado, do voluntário preparado cientificamente, capaz de propor a racionalização do uso dos recursos ociosos. Em síntese, na avaliação feita por esses dois autores são levados em conta, simplesmente, o progresso, o combate à injustiça social através da racionalização, da multiplicação e da correta destinação dos recursos. Nesse período, a FASE promove a campanha dos Voluntários da Paz, em que o voluntário passaria um ou dois anos vivendo numa comunidade carente desenvolvendo o MCC. Porém, "era preciso que o povo marginalizado não incorporasse uma mentalidade de assistido, que recebe tudo pronto, mas aprendesse a participar" (FASE, 1986: 1). É essa a concepção que orienta os trabalhos da FASE no período que vai de 1968 até 1972, e que foi denominada de "desenvolvimento comunitário".

> Nos primeiros anos (61-63), os recursos captados são de destinação aos trabalhos de ação social e projetos de educação popular. Com o golpe militar de 1964, a FASE passa a constituir, como outras entidades ligadas à Igreja, uma espécie de escudo para práticas de organização de comunidades mais carentes. Embora predomine sempre um caráter técnico e assistencialista, os trabalhos desenvolvidos propiciam que a comunidade se organize e atinja pequenas melhorias em suas condições de vida (Viegas, 1994: 55).

Ainda seguindo a avaliação de Minayo e Valla (1982), há uma discussão teórica que analisou criticamente a proposta de trabalho popular do MCC, afirmando ser essa uma discussão das propostas de educação extraescolar voltadas à acumulação indireta de capital. Basicamente, a crítica gira em torno dos deveres do Estado e de como o trabalho voluntário pode escamotear as contradições da relação entre o cidadão e o Estado. De certo modo, esse tipo de crítica, embora não deixe de ser justa, tem de ser relativizada, principalmente à luz da conjuntura nacional da época. A FASE justifica que o período de 1968-1970 representou o início dos anos mais difíceis da ditadura militar pós-1964, que, entre suas estratégias de perseguição aos chamados "grupos subversivos", decretou o Ato Institucional n. 5, promoveu a cassação e prisão de lideranças populares, efetuou o controle absoluto dos sindicatos e colocou sob permanente suspeição as reuniões de grupos populares que se organizavam como forma de resistência.

Desse modo, percebe-se que em seus textos a FASE não se prende a um discurso "conscientizador", mas leva a população à ação, ao agrupamento para a resolução de seus próprios problemas e a descobrir o valor da organização enquanto meta final.

A FASE, como todas as organizações de educação popular neste país, inspirou-se muito nos princípios de Paulo Freire, inclusive em seu trabalho de alfabetização, ou seja, a FASE vem redefinindo sua metodologia sem perder seu caráter de entidade de educação; redefinindo que na educação popular há um questionamento sobre aquela ideia de visão um pouco mais basística. Eles se inspiraram muito no trabalho de educação popular. Quando nós começamos a discutir umas visões gramscianas, nós não estávamos nos afastando da metodologia da FASE. Os técnicos mais antigos da FASE sempre adaptaram metodologias educativas que foram percorrendo a história. O que aconteceu nos últimos anos é que a FASE deixou um pouco de fazer análises, de fazer uma elaboração um pouco mais refinada sobre sua própria concepção educativa (Pacheco, FASE-RJ, 12/03/2004).

Dessa forma, a FASE atua unicamente nas comunidades para as quais é solicitada, com uma presença breve, quando se trata de serviços técnicos concretos. Seu tempo de atendimento amplia-se quando se trata de iniciar um processo organizativo com a população até os técnicos se tornarem dispensáveis. Por outro lado, essa presença tem uma dimensão de "gratuidade" e afirma não criar nenhum vínculo com instituição, movimento ou organização política.

Concepções de educação popular, da FASE, nos anos 1980

Algo que chama atenção é o fato de que, nos anos 80, a análise conjuntural da FASE orientava-se por uma severa crítica ao sistema capitalista, frisando que o prolongamento da crise capitalista implicava para a América Latina um conjunto de profundas transformações, as quais provocavam uma redefinição de sua inserção na ordem capitalista mundial. Os efeitos antipopulares de tais transformações significavam novos riscos e possibilidades para o projeto histórico do povo. Riscos, porque a intensificação dos processos de pauperização e repressão vem acompanhada da rearticulação de projetos tradicionais e novas formas de dominação. Possibilidades, porque no auge do movimento popular o desenvolvimento de novas formas de luta tem conduzido às situações revolucionárias que vivem alguns países da América Central. (FASE, Revista *Proposta*, n. 23, 1984).

Dando continuidade a sua análise crítica da conjuntura, os textos da FASE nos anos 80 apontam que os processos de reordenamento da reprodução do capital, conforme os interesses da burguesia, estavam sendo implementados por Estados autoritários com uma grande rigidez. Continuava afirmando que as formas de dominação variam segundo o grau de resposta que os trabalhadores têm dado desde a ditadura militar até a chamada "abertura política", que oferece um certo espaço para o surgimento de alternativas parlamentares. No entanto, todos esses processos, segundo a mesma análise da FASE, têm um signo em comum, o aumento da exploração da força de trabalho e a miséria do povo, num contexto institucional repressivo bastante acentuado.

Por isso, a FASE enfatiza:

> Os níveis de pobreza extrema nas cidades latino-americanas não somente significam falta de moradia, infraestrutura física e serviços, mas também falta de atendimento de todas as necessidades básicas da população. A subnutrição, a mortalidade materno-infantil, a proliferação de doenças combatíveis através de ações preventivas, o analfabetismo, a evasão escolar, o trabalho dos menores etc., compõem um quadro alarmante que compromete o futuro do povo lati-

> no-americano, ao mesmo tempo esta situação garante a exploração capitalista nesta parte do mundo; as políticas de abertura possibilitam a apropriação de recursos e o incremento de utilidades do capital estrangeiro, a especulação, a corrupção administrativa, o contrabando e tráfico de drogas que comprometem o Estado e se traduzem em privilégios e altos níveis de consumo para uma minoria, contrastando com a miséria do povo (FASE, Revista *Proposta*, n. 23, 1984: 10).

Para a FASE, e para os setores da esquerda que se contrapunham à Ditadura militar instaurada no Brasil em 1964, estava nítido que o problema do atraso político, econômico e social e da miséria da maioria da população brasileira não encontraria sua solução unicamente na introdução de novas técnicas de produção e no assessoramento para enfrentar problemas individuais. Na época, a FASE passa a desenvolver trabalhos educativos a fim de satisfazer a necessidade de emancipação social no campo e na cidade. Assim, ao mesmo tempo em que no campo preocupava-se com os problemas de produção e comercialização do pequeno produtor, procurava ajudá-lo a enfrentar a questão da posse da terra e, para isso, a organizar-se coletivamente. Nas áreas urbanas dava sequência à autoajuda no bairro, sendo que o morador aprendia também que, como cidadão e pagador de impostos, poderia reivindicar o que era seu direito, e sua reivindicação teria mais força se fosse organizada e coletiva (FASE, 1986).

> A FASE começa a ser cada vez mais influenciada pela chamada educação popular e, na primeira metade dos anos 70, ela vive dois tipos de contradição. A contradição entre a visão mais assistencialista ou mais, na melhor das hipóteses, reformista ou bem marcada por esta ideologia da modernização. Muitos técnicos que chamava já estavam impregnados dessa visão da educação popular (Durão, FASE-RJ, 12/3/2004).

Quanto aos seus objetivos a FASE se caracteriza, conforme o artigo 1º de seu estatuto:

A federação de órgãos para assistência social e educacional 187

Como uma instituição da sociedade civil, de direito privado, sem fins lucrativos, de caráter educacional, beneficente e de assistência social, que, sem distinção de nacionalidade, credo ou raça, desenvolve atividades de educação e promove o desenvolvimento de parcelas carentes da população, podendo operar em todo o território nacional (FASE, 1986: 2).

Para satisfazer seus objetivos a FASE constitui equipes de profissionais, denominadas pluridisciplinares, que trabalham com dedicação exclusiva nos programas de educação. Profissionais que, nas palavras de seus dirigentes, não podem ser apenas homens de boa vontade, que tiram algumas horas do seu tempo livre para "dar uma mão".

O trabalho comunitário começa, predominantemente, com uma natureza promocional assistencial e depois passa para trabalho educativo no decorrer da década de 70. Debaixo dessa tensão se desenvolve e vai para o lado mais crítico, vai mais para o lado da educação popular, muda de caráter de assistência para uma radicalização da dimensão da educação popular, apoia as mudanças e entra na luta pela redemocratização do país (Durão, FASE-RJ, 12/3/2004).

Por isso, nas palavras dos representantes da FASE, para o desenvolvimento do trabalho de educação popular, na época, coloca-se a exigência de pessoas competentes, treinadas, periodicamente recicladas: são agrônomos, técnicos em organização comunitária, sociólogos, advogados, técnicos em saúde, técnicos em assuntos sindicais e outros. E também porque, segundo os mesmos representantes, o progresso real de uma comunidade só se dá quando procura resposta ao conjunto de seus problemas. Porém, é preciso chamar atenção para o fato de que são profissionais, mas, ao mesmo tempo, educadores. "Não trazemos soluções prontas. Não fazemos no lugar do povo. Em princípio não fazemos coisas. Despertamos, abrimos horizontes" (FASE, n. 29, 1986).

O trabalho de educação popular desenvolvido pela FASE se dá junto com as lideranças locais e profissionais, definindo uma área de atuação, evitando a dispersão, caracterizada como uma intervenção concentrada, possível de criar um efeito multiplicador e irradiador do trabalho favorecendo a organização popular a fim de reivindicar do poder público, desde a "escola comunitária e posto de saúde a grupo de revenda (microcooperativa de consumo), o que não resolve, mas ajuda localmente a minorar um determinado problema". Essas realizações são também escolas de formação. Dessa forma, a FASE acredita ser possível à comunidade mostrar sua capacidade de gerir o que lhe serve, de participar da busca de alternativas apropriadas para a superação da sua situação de pobreza e de marginalidade social, ou seja, acredita ser preciso que as comunidades descubram e usem os instrumentos disponíveis e de direito de uma sociedade democrática. "É preciso que se organizem para usufruir as riquezas produzidas por nosso país, por eles, e das quais não participam" (FASE, 1986: 5).

A FASE, a partir desse engajamento permanente, assume o compromisso com os movimentos sociais e em vários momentos de sua história ecoa bastante dentro dela o que se passa na sociedade. A FASE lutou pela abertura política, pela criação de outras ONGs que também tiveram um pouco esse papel. A FASE foi acolhendo militantes políticos, que às vezes tinham dificuldades de encontrar trabalhos em outros lugares. Para muitas pessoas a FASE foi um pouco aparelhada, então, as disputas ocorriam aqui, também visões que estavam fora da FASE e dentro das organizações, como o PC, PCdoB etc. Também aquelas organizações que já tinham se enfraquecido, as organizações clandestinas; mesmo o debate da história delas ecoava, e havia assim parcelas de técnicos que faziam uma defesa alternativa da revolução e do caráter da revolução. Estava em debate também a orientação política de quem estivesse debatendo, só que isso era retraduzido dentro da entidade. Uma entidade de educação popular, uma entidade de apoio aos movimentos, uma entidade que aposta na democracia como um valor universal. A defesa de um processo de democratização e a luta contra a ditadura, essa carta de compromisso demonstra a necessidade de um grande processo de transformação, precisa de grandes transformações e é uma marca que vai estar presente em todos momentos da FASE, a importância das organizações populares dos movimentos sociais (Pacheco, FASE-RJ, 12/3/2004).

É isso que a FASE se propõe a fazer enquanto entidade independente, sem compromisso político-partidário e aberta. Dessa maneira, suas atividades são as mais diversas, a saber: escolas comunitárias, assessoramento e fornecimento de subsídios de organização, orientação jurídica trabalhista para o assalariado rural e o operário, apoio à organização dos trabalhadores sem-terra e sem-teto, tecnologias alternativas em agricultura, técnicas e políticas públicas que respondam aos anseios do pequeno agricultor, cursos de história econômica, política e social, cursos de formação cívica, participação nas decisões do país. A FASE tem como principal publicação a Revista *Proposta*, uma edição trimestral que sistematiza e reúne dados tanto desta ONG como de outras experiências em Educação Popular (FASE, 1986). Organiza, também, grupos temáticos de trabalho, tais como o Grupo de Trabalho Nacional de Gênero (que tem a responsabilidade de comprometer um número cada vez maior de organizações da sociedade, a partir de suas agendas e plataformas, a atuar na direção do reconhecimento político e cultural das organizações de mulheres, do pensamento e do movimento feminista), o Setor de Comunicação e Captação de Recursos (que é responsável pela construção de um círculo de doadores de recursos financeiros que também divulgue os serviços sociais relevantes prestados pela FASE no combate à pobreza e à desigualdade), o Setor de Publicações (que edita a revista nacional de debates *Proposta*, cartilhas educacionais, livros e outros impressos relevantes, além de apoiar de maneira direta os outros setores e programas da FASE, através da prestação de seus serviços) e o Núcleo de Relações Internacionais (que cria condições para a atuação da FASE em relação a seus objetivos internacionais, em duas linhas de ação: globalização e democratização dos processos decisórios e desenvolvimento e confrontação dos mecanismos internacionais de produção de desigualdades).

Nesse sentido, a FASE justifica que, ao implementar tais práticas, reconhece seus limites no marco do capitalismo. Ou seja, a educação extraescolar, seja nos países industrializados, seja nos países periféricos, ocorre numa sociedade de classes. Assim, na concepção da FASE, essa forma de educação permite leituras diferentes dessas propostas de acordo com os interesses em jogo.

> Se por um lado a educação extra-escolar contribui para a acumulação indireta de capital, também, por outro, grupaliza e necessariamente socializa a questão dos serviços básicos e direitos trabalhistas. No mesmo processo histórico surge também a educação popular, onde pessoas aliadas aos interesses da classe trabalhadora vão procurar desenvolver uma "educação extra-escolar popular" (Minayo e Valla, 1982: 3).

Na avaliação da FASE (1986), a conjuntura do regime militar reduz significativamente a capacidade das entidades políticas de contribuir para a organização política dos trabalhadores. Com a prisão de muitas lideranças, o controle rígido dos sindicatos e partidos políticos e as ameaças constantes contra "reuniões subversivas", a possibilidade e a capacidade de agrupamentos populares ficam muito reduzidas. Uma das justificativas que as "autoridades" oferecem para consolidar o regime militar é a falência do político e da política como meios de lidar com os problemas do país e o privilégio do técnico e da tecnologia como instrumentos "científicos" para resolver os problemas da miséria e da ignorância.

Nessa conjuntura a FASE acrescenta, ao seu papel de captação e distribuição de recursos, a proposta de assessoria técnica aos trabalhos assistenciais e educacionais. Progressivamente a FASE vai ganhando caráter nacional no rastro da Cáritas, abrindo, nesse período, escritórios em São Paulo, Recife e Belém, somando quatro com o escritório nacional do Rio de Janeiro.[57] A assessoria técnica é executada através dos departamentos de engenharia, agronomia, saúde, assistência social, cooperativismo, transportes, sociologia e do departamento jurídico, com a contratação de profissionais nessas áreas. Em nível nacional, dá-se muita ênfase ao Norte e Nordeste, que são os maiores bolsões de pobreza no país. No trabalho da FASE estão incluídos: a construção de escolas e hospitais, a compra de carros usando o dinheiro norte-americano e o desenvolvimento da campanha da MUCE (Mais Uma Criança na Escola) em que os paroquianos contribuem para fornecer bolsas de estudo para crianças carentes.

A falta de dinheiro para pagar salários leva a FASE a apelar para o trabalho voluntarista, que justifica, por um lado, o afastamento das discussões dos deveres do Estado e, por outro, "não fica de braços cruzados" em face das discussões e soluções coletivas para os problemas comunitários. Isso porque na concepção da FASE o poder público dificilmente chegará até os pequenos, pois os serviços pretendem ser impessoais. Ela também propõe que os técnicos penetrem na comunidade para examinar e estudar seus problemas procurando soluções dentro de um programa de autoajuda e autopromoção, procurando dessa forma resgatar o significado real dessa prática. Ou seja, à luz da

---

[57] Para ser mais exato: no relatório de 25 anos (1986) a FASE estava consolidada nos seguintes estados e municípios: FASE Nacional no Rio de Janeiro; FASE regional Norte, com sedes em Belém-PA, Abaetetuba-PA, Bragança-PA, Manaus-AM; FASE regional Nordeste, com sedes em São Luis-MA, Recife-PE, Garanhuns-PE, Fortaleza-CE e Itabuna-BA; FASE regional Sudeste/Sul no Rio de Janeiro-RJ, Vitória-ES, São Paulo-SP, Porto Alegre-RS, Vale do Guaporé-MT e Zona Canavieira-SP, e ainda tinha dois programas anexos, um de tecnologia alternativa no Rio de Janeiro e o programa saúde em Garanhuns-PE. Atualmente a atuação da FASE se dá nos seguintes estados e municípios: FASE Nacional no Rio de Janeiro e FASE Rio; FASE Belém-PA, FASE Itabuna-BA; FASE Vitória-ES, FASE Cáceres-MT; FASE Recife-PE e o projeto Gurupá (PA).

teoria e prática a FASE acredita que os cidadãos devem reivindicar os serviços básicos do Estado (FASE, 1986).

Há um ponto a se destacar que se refere a umas das problemáticas da FASE, a de diminuir sua dependência de doações dos países do hemisfério Norte. O processo de captar recursos dos paroquianos abastados para a campanha MUCE e para a motorização do clero teve uma significação mais ampla do que a dos ricos dando aos pobres. Havia a preocupação de se financiar localmente, e as duas campanhas uma vez iniciadas acabaram posteriormente resultando em milhares de contribuintes regulares. Embora a FASE sempre recebesse doações de agências estrangeiras, em 1967 já estava em condições de dispensá-las (Minayo e Valla, 1982).

Ao mesmo tempo, há uma discussão a ser travada sobre o significado de apoio e financiamento local, justamente porque interferem em dois aspectos-chave de uma forma permanente: em torno da natureza da proposta de trabalho a ser desenvolvido e da prestação de contas. Na realidade, são duas as questões que se levantam para a FASE, mas também para a educação popular em geral:

1ª) Quem financia seus projetos e ações e participa do controle e fiscalização do seu trabalho?

2ª) Qual papel que a entidade desempenha em relação ao Estado, quando da utilização de recursos públicos, e que define sua própria natureza?

> A FASE é uma instituição que permite o engajamento em causas sociais. O debate sobre problemas de ocupação, direitos, participação pública, radicalidade democrática e redistribuição de renda é bastante positivo, então, a FASE se situa num campo muito à vontade de engajamento social e ao mesmo tempo é uma organização muito profissional, não é profissionalização em grande parte mas sempre teve um pé. Com o passar do tempo, profissionalmente, isso deslocou para um pouco mais de consistência em termos de poder trabalhar com universidades, com pesquisas (Cunca, FASE-RJ, 12/3/2004).

Neste sentido, registra-se a existência de experiências que vão da pura sobrevivência e que supõem um mínimo de organização até formas orgânicas de luta que implicam um nível de consciência política mais elevada, como as invasões e saques dos camponeses nordestinos aos centros urbanos em busca de alimentos. Embora isso não implique uma reivindicação ou questionamento de uma dada situação social, pode converter-se num embrião de outras formas de luta e organização (FASE, 1986).

Essa forma orgânica de luta implica o confronto das necessidades do povo com as estratégias de sobrevivência e a luta reivindicativa. Isto supõe a existência de um questionamento da ordem. A recuperação crítica e a superação das fases organizativas pré-existentes, enfrentando como uma meta fundamental a articulação orgânica e a constituição de formas político-organizativas, convergem para a elaboração de um projeto alternativo, a partir da crise do Estado, que se constitui no instrumento privilegiado para ampliar o capital financeiro internacional e controlar a organização popular.

Por isso a FASE, já nos anos 80, afirmava que:

> o Estado luta contra a organização e participação dos grupos populares, promovendo políticas ditas de participação que na prática revelam-se altamente desmobilizadoras e são formas de manipulação da organização popular, nas quais incentiva-se a participação ao nível da execução dos projetos e nega-se, em contrapartida, sistematicamente, a participação na tomada de decisões. Por outro lado, o movimento popular sofre chantagem através de um tratamento diferenciado, privilegiando demagogicamente operários ou, de um modo geral, grupos subempregados, na intenção de debilitar a organização popular, gerando diferenças odiosas entre vários setores populares que conseguem apenas a redistribuição da pobreza entre si (FASE, Revista *Proposta*, n. 23, 1984: 12).

Assim, a FASE afirma que a crise econômica influencia fortemente a vida do povo e leva os governos de revezamento à perda de legitimidade. Por isso, há a necessidade das organizações de esquerda e de seus projetos alternativos, capazes de influenciar os movimentos sociais a fim de dar uma orientação política em benefício do povo.

Na medida em que se trata de uma crise no padrão de acumulação implementado na última década, a superação da crise não se fará em curto prazo. Ou seja, pode-se prever que haverá um período de manutenção dessa situação de deterioração das condições de vida. Nesse sentido, as manifestações de descontentamento tenderão a crescer, o que nos força a refletir dentro de uma perspectiva, e não apenas dentro de critérios de conjuntura (FASE, Revista *Proposta*, n. 25, 1985).

Nos anos 80 a atuação da FASE pautou-se pelas discussões referentes à educação popular com a participação de encontros e seminários que pudessem reforçar sua vocação educativa junto aos movimentos sociais; para isso cumpria uma agenda que discutia as perspectivas ideológicas da sociedade capitalista e suas diversas implicações na forma de organização dos trabalhadores e dos movimentos sociais (FASE, Revista Proposta, n. 24, 1985). Nesses anos, a FASE demonstra que sua preocupação principal é a de educar os movimentos sociais a fim de favorecer mudanças substanciais na sociedade, o que corrobora com a análise feita anteriormente de que as ONGs nos anos 80 orientavam-se por um claro propósito de mudar a estrutura da sociedade tendo como referência o socialismo.

Pesquisando nos diversos textos que sustentavam a concepção de educação da FASE, expressa na Revista *Proposta* da década de 80,[58] é possível perceber como a conjuntura nacional era analisada naquele momento e quais enfrentamentos seriam priorizados para que fosse possível implementar uma perspectiva de educação popular para a superação da pobreza.

---

[58] Números das Revistas analisadas: 23 a 43.

O interessante da análise de tais documentos referentes à proposta de educação da FASE nesses anos é que, em se tratando de uma concepção de educação, fica muito bem definida a intenção de superação das contradições de classe. Um fator bastante presente nessa concepção é o fato de a sociedade capitalista estar em uma prolongada crise e haver a necessidade de sua compreensão para que haja sua superação, pois, para a FASE, esse é um elemento decisivo no aumento da pobreza. Por outro lado, os textos demonstram preocupação em fazer uma análise que amplie os horizontes de uma compreensão da América Latina e tecem críticas contundentes à postura do FMI de subalternização dos países pobres. Essa análise vem acompanhada de uma perspectiva que avalia os movimentos sociais não só no Brasil, mas na América Latina, tendo o movimento revolucionário cubano como um forte exemplo, ou seja, a revolução é apresentada como a contraposição à ditadura do capital. Isso tendo em vista as considerações de que a crise do capital afeta diretamente o Estado, devido ao fato de este estar a serviço da burguesia e, por isso mesmo, combatendo e criminalizando as organizações populares.

Na discussão referente à educação que a FASE faz na década de 1980, presente na sua fundamentação teórica, destacam-se autores como Paulo Freire, Gramsci, Lênin. São esses autores que sustentam a perspectiva pedagógica da FASE e fazem parte de sua avaliação de conjuntura, que confirma a avaliação feita anteriormente, no capítulo referente aos movimentos sociais, de que os anos 80 são marcados por uma perspectiva revolucionária no seio dos movimentos sociais populares e, por conseguinte, nas discussões das Organizações Não Governamentais.

Dessa forma, a concepção de educação popular é a que se coloca a serviço dos movimentos sociais e da revolução, em contraposição ao capitalismo e ao Estado burguês. Porém, há um entendimento de que os processos de educação formal e profissionalização traduzem um mecanismo tendencioso de internalização de pressupostos que reforçam a classe dominante, o que não favorece o surgimento de um novo saber-poder ou de uma contra-hegemonia.

Assim, toda a análise feita até aqui remete à complexa crise do processo de acumulação de capital nos anos 80, o que reflete outra lógica no movimento do capital para superar a crise e que começa a tomar corpo com a chegada ao poder, em 1979, de Margareth Tatcher, na Inglaterra, como pontuamos no capítulo 2, referente à relação entre o Estado e os movimentos sociais. Assim, a discussão dentro da FASE prepara ou tenta preparar as lideranças para esse enfrentamento, tendo a educação popular como espaço de formação política para as avançadas formas de compreensão do neoliberalismo, procurando ressaltar as sombrias perspectivas que os movimentos sociais viriam a enfrentar. Dessa forma, chama a atenção para o fato de que no quadro de crise do capitalismo, dificilmente serão encontradas soluções favoráveis para as populações pobres, diante da falta de recursos e da crescente miséria do campo e da cidade. Com isso, a tendência é a crescente deterioração das condições sociais o que, de certa forma, coloca no horizonte a possibilidade de ruptura do sistema capitalista.

A FASE avalia que os anos de ditadura militar foram extremamente nocivos à organização dos movimentos sociais, daí a necessidade de uma discussão que aprofunde o conhecimento sobre estratégias de organização dos movimentos de contestação ao capitalismo a fim de provocar sua superação. Nos textos analisados observa-se o pensamento dessa ONG no sentido de apontar que as reivindicações dos movimentos sociais devem estar associadas a um novo projeto político popular, a partir de uma diversidade de demandas que coloquem em xeque o Estado capitalista. Esses são elementos primordiais da análise na constituição da educação popular e seus pressupostos políticos (FASE, Revista Proposta, n. 27, 1985). Por outro lado, é preciso considerar tanto a influência da FASE na formação de lideranças que viriam a construir o Partido dos Trabalhadores (PT) e a ocupar espaços nos poderes legislativo e executivo, como a forte influência desse partido nos movimentos sociais nos quais os quadros da FASE estavam e estão inseridos.

Como podemos notar, são várias as formas de trabalho pedagógico desencadeadas pela FASE junto aos movimentos sociais. Algo que deve ser chamado à atenção na análise e intervenção popular desta ONG, nos anos de 1980, é que em vários momentos chama-se à consciência o sujeito coletivo, ou mesmo o homem enquanto sujeito capaz de mudar a realidade social, ao mesmo tempo em que aparece, no trabalho de educação popular junto aos movimentos sociais, a preocupação de que estes não venham a tornar-se apêndices de partidos políticos. Dessa maneira, o objetivo da educação popular no processo educativo é a criação, recriação e difusão de um novo saber, de organizar a vida e de fazer política. Nos textos analisados o trabalho educativo desenvolvido pela FASE coloca-se na perspectiva do povo, resgatando sua luta, seus valores e interesses para se chegar à construção de um projeto de libertação nacional, acompanhando os trabalhadores em seus processos de conscientização (FASE, Revista *Proposta*, n. 29, 1986).

Porém, em se considerando a capacidade de reação do capitalismo é chamada a atenção para uma possível estratégia do capital em se reordenar, organizando-se ideologicamente a fim de recuperar seus espaços, daí a necessidade também de pensar uma formação educativa que se contraponha à imposição educativa capitalista e se coloque "a serviço de um projeto histórico alternativo e revolucionário" (Revista *Proposta*, n. 23, 1984: 38).

Assim, a preocupação principal da FASE parece ser a de fortalecer os movimentos sociais e as experiências inovadoras, capazes de contribuir para o desenvolvimento de uma sociedade mais democrática, e propiciar uma nova mentalidade social a partir de sua concepção pedagógica. Mesmo sendo uma entidade que se entende como democrática, não partidária e aberta, é impossível negar a influência das mudanças implementadas pela Igreja Católica a partir do Concílio Vaticano II e da Conferência dos Bispos Latino-Americanos, realizada em Puebla, México, em 1978, uma vez que a FASE emerge a partir de ações de religiosos e leigos cristãos católicos (Löwy, 1991).

O trabalho social desta ONG, nos anos 80, analisado até aqui, traz a marca do trabalho de organização e de educação popular das Comunidades Eclesiais de Base (CEBs) e do Movimento de Educação de Base, ambos da Igreja Católica.

Concepções de educação popular, da FASE, nos anos de 1990

Uma das justificativas encontradas pela FASE para que se apresente a educação popular como estratégia de organização das classes populares é a de que a educação formal veda a participação das grandes maiorias, além de favorecer a hegemonia da classe dominante. Assim, a educação voltada para as classes populares desenvolve um tipo de saber alternativo que fortalece a perspectiva de mudança. A educação popular, para a FASE, é:

> (...) classicamente três coisas; ela é a educação não formal, ela é a educação voltada para a organização cultural autônoma política, é propositiva de classes populares. Então, ela fundamentalmente tem um referencial que não tem necessariamente sua centralidade na escola; está ligada à auto-organização político-social-cidadã-propositiva, e está ligada à capacidade intelectual de sistematização de propostas para pensar alternativas da confluência originária de Paulo Freire e Gramsci. A FASE continuou desenvolvendo e sistematizando historicamente estratégias de formação de lideranças, estratégias

de formação de conselheiros de políticas públicas. Ela faz das oficinas mecanismos de capacitação. A FASE tem uma diversidade grande de modos de transmissão de saber, modos de relação com o saber próprio das escolas populares de educação popular. A FASE continua trabalhando em linguagens, continua na agricultura ecológica, na formação de conselheiros de políticas públicas, na luta pelos direitos, nas estratégias cidadãs, na formulação dos processos organizativos, na busca da identificação de alternativas. A FASE continua trabalhando elementos que não são só de busca do trabalho relacionado ao ensino formal, ela busca a construção de outros espaços educativos, mas também trabalha esferas de formação de constituição subjetiva de capacidade sistemáticas de transmissão e construção dos saberes autônomos, e articulando saber e formação acadêmica (Cunca, FASE-RJ, 12/3/2004).

Na década de 1990,[59] a FASE demonstra uma certa intensificação em suas ações junto aos movimentos dos trabalhadores rurais e na criação de condições para o desenvolvimento da agricultura e da política agrícola como questão que aflora nas lutas dos movimentos sociais no campo. Nos textos da época aparece com clareza uma crítica à política agrícola:

> Na verdade, a política agrícola, concebida e conduzida, dissociada da reforma agrária, voltada a "liberar" as chamadas leis do mercado favoráveis aos grandes negócios agrícolas, colide com a necessidade e as aspirações de democratização das relações sociais no campo brasileiro. Nos debates atuais sobre a Lei Agrícola, as forças empresariais e latifundiárias sustentam para o campo a não-intervenção reguladora do Estado e a entrega da gestão da agricultura às suas organizações corporativas e às forças do mercado, negando a desigualdade estrutural reinante no campo (FASE, Revista *Proposta*, n. 45, 1991).

---

[59] Números das Revistas analisadas: 44 a 80.

Consolida-se, também, segundo a FASE, o tema da participação popular, seu significado e seu alcance para a democratização da sociedade. Esta ONG avalia que esse tema vem ocupando um lugar de destaque, quer nas análises dos cientistas políticos empenhados em compreender possibilidades e limites da "transição", quer na fala e na ação dos sujeitos desejosos de fazê-la avançar, como as igrejas cristãs, os movimentos sociais e os partidos de esquerda, especialmente no âmbito das administrações municipais conquistadas em processos eleitorais.

> Nos anos 90 nós chegamos a nos perguntar se a FASE não precisava atualizar novamente sua carta de princípios. Nossa leitura sobre o processo de transformação na sociedade tinha a discussão sobre a hegemonia, a questão democrática, as mudanças no plano institucional da política, tudo isso era muito inspirado por Gramsci. Isso passou a ser culminado no final da década de 80, início da década de 90; essas leituras também nos impulsionaram a fazer uma releitura dos próprios movimentos sociais, do trabalho com camponeses e com operários. A FASE foi uma das primeiras organizações desse tipo a iniciar um trabalho com assalariados rurais. A leitura dos movimentos sociais era marcada pela leitura dos conflitos de classe quando, no início dos anos 90, começamos a ampliar essa discussão, pois passamos a ver outros campos de luta e de contradição não de classe, mas que estavam na base do surgimento de outros movimentos sociais. Foi quando começamos um debate a partir da visão de sujeitos coletivos; isso foi um conceito muito trabalhado pela FASE e é mais amplo do que essa visão de organização de classe do operariado do campesinato. A partir desse momento começamos a prestar mais atenção ao movimento negro, ao movimento feminista, ao movimento ambientalista, e isso coincidiu exatamente com o período que antecedeu a ECO 92. A partir de então a FASE foi progressivamente introduzindo em seu debate sobre mudanças da sociedade outras desigualdades e começando a dialogar com movimentos de mulheres, a discutir a incorporação de consciência de gênero dentro de sua leitura sobre a desigualdade, assimilando então essa desigualdade na desigualdade de classe. Na FASE não chegou nunca a imperar aquela ideia do fim da história; nossa leitura é de que existem conflitos de classe na sociedade e outros tipos de conflitos e

explica também o que faz a discussão sobre as desigualdades do ponto de vista do gênero, de raça. Ao mesmo tempo também fomos avançando no debate que questiona o paradigma do rumo do desenvolvimento que ocorreu no país, do rumo das transformações capitalistas para incorporar a visão ambiental. Assim a FASE foi se tornando uma entidade mais socioambiental (Pacheco, FASE-RJ, 12/2/2004).

O mesmo entrevistado destaca a importância da questão ambiental, afirmando que "não se pode negar o conteúdo inovador que esse tema comporta entre nós, ao substantivar a democracia, possibilitando tanto sua aproximação ao princípio de soberania popular quanto sua orientação no sentido do atendimento às demandas sociais".

Assim, considerando que os anos 80 precisam ser recuperados como palco de um processo de democratização da sociedade e do Estado brasileiros, cujo caráter não foi estritamente formal, a FASE, nos anos 90, busca um avanço efetivo no campo da participação política popular, do reconhecimento da legitimidade de expressão dos interesses e necessidades dos subalternos no espaço público e da livre organização política, partidária, sindical e comunitária das forças sociais. Considera que as disputas pela hegemonia de uma nova concepção de desenvolvimento da sociedade configuram-se também como busca de legitimação de direitos. Assim, o compromisso da FASE é com a perspectiva de democratização da sociedade, de luta pela conquista da cidadania, no sentido do alargamento dos direitos sociais, de representação política das classes trabalhadoras e da ampliação da cidadania dos produtores associados,[60] ou seja, conquistas de espaços de poder (FASE Revista *Proposta*, n. 45, 1991).

---

[60] De um trabalho político de organização das comunidades pobres, tanto nas áreas rurais quanto nas áreas urbanas, realizado nos anos de 1980, a FASE passa a uma atuação mais voltada à busca de alternativas ao desemprego que marca os anos de 1990, desenvolvendo estudos no âmbito da economia solidária (ver Revista *Proposta*, números 73 e 74 –1997 –, ambas abordando este tema).

Por outro lado, a FASE, nesse período, investe firmemente no movimento sindical e afirma que foi no aparecimento de uma nova alternativa de poder, vindo do movimento sindical renovado com o ABC paulista, com a reorganização dos trabalhadores rurais e a emergência do sindicalismo de classe, que se produziram novas alternativas em termos de organização, como as oposições sindicais, as comissões de fábrica, as articulações sindicais pela reforma da estrutura corporativa sindical e central sindical como a CUT. As demandas provenientes dessas formas de organização ultrapassam o econômico corporativo trazendo reivindicações que incidem sobre a institucionalidade democrática (FASE, Revista *Proposta*, n. 50, 1991).[61]

Na frente urbana, a eclosão dos movimentos sociais organizados especialmente por bairros, favelas e loteamentos ou, ainda, a partir de temas específicos (transporte, saneamento, habitação etc.) traduz, nesse contexto dos anos de 1990, a luta pela reprodução e consumo dos despossuídos da cidade e de movimentos que encaminhavam questões referidas à reprodução da vida, como os movimentos ecológicos, negro, de mulheres. Esses movimentos conquistaram a incorporação dos seus temas e problemas propostos à pauta mais ampla da cidadania.

Para a FASE, os partidos socialistas identificados com as classes subalternas constituíram-se como sujeitos efetivos do processo de democratização, ao participarem dos diversos movimentos sociais populares, apoiando-os publicamente contra os interesses excludentes e antidemocráticos com que se defrontavam (FASE, Revista *Proposta*, n. 45, 1990). Nesse contexto se coloca também a questão da Amazônia, considerada pela FASE como a primeira porta aberta à

---

[61] Para aprofundar o tema referente à relação da FASE com os sindicatos, ver: VIEGAS, M, F. *A prática social educativa da FASE/POA no movimento sindical: 1987-1993, o movimento sindical como mediação da educação popular.* Dissertação de mestrado no Programa de Pós-graduação em educação da UFRGS, 1994.

colonização, ao saque, ao genocídio dos povos indígenas. Porta de entrada pelas águas, trilhos, estradas, espaço aéreo e telecomunicações, para o capital e para as angústias dos povos da floresta, os ideais ou oportunismo dos que veem ou dos que dizem que veem na Amazônia uma parte substancial do patrimônio da humanidade (FASE, Revista *Proposta*, n. 48, 1991).

No tocante ao trabalho da FASE com pequenos produtores urbanos e rurais, esta busca contribuir na sua luta pela sobrevivência individual e coletiva, por isso critica o governo o qual se coloca na vanguarda da preservação de um modelo capitalista de produção, que é de natureza excludente.

Assim, nos anos 90, a pedagogia da FASE enfatiza o valor social e educativo do trabalho, a vivência ecológica, o exercício da democracia com participação coletiva organizada no processo de tomada de decisões, de execução e de distribuição nos resultados das ações de um grupo, o convívio fraterno, o entusiasmo e a unidade ideológicos por causas sociais e humanas comuns (FASE, Revista *Proposta*, n. 53, 1992).

Em se tratando do neoliberalismo, a FASE avalia que esse movimento revela o avanço do fetichismo da modernidade burguesa, isto é, da submissão da sociedade humana à racionalidade técnico-administrativa do mercado, do capital e da propriedade privada. Avanço que se efetua e se efetiva contra os valores historicamente conquistados pela humanidade, como a soberania dos homens sobre as coisas, o autogoverno da sociedade, a capacidade humana de negar o existente e de criar o novo (FASE, Revista *Proposta*, n. 57, 1993).

Dessa forma, afirma que a re-estruturação neoliberal não se limita, portanto, a reduzir o tamanho do Estado a favor do livre mercado capitalista. Ao defender a positividade do mercado, do progresso técnico, da qualidade física dos produtos e da harmonia dos interesses, concebendo-os como a finalidade e a razão de ser da ordem social, a política neoliberal retira dos homens e mulheres – enquanto seres sociais com diversidade de interesses, opiniões e vontades – o direito e o poder de intervir nessa ordem e de transformá-la mediante a práxis política (FASE, Revista *Proposta*, n. 65, 1995).

Ou seja, o sentido desse processo é muito mais de uma re-estruturação conservadora da ordem existente, com todas as suas desigualdades e diversidades. Contudo, para que essa cultura neoconservadora se realize, é necessário que as expectativas e os interesses sociais se atomizem em ações individuais ou corporativas, sem questionar as condições de existência e as possibilidades e limites do mercado capitalista e das relações entre governantes e governados. É necessário, também, que sejam limitados os campos de intervenção do Estado para, desse modo, restringir os temas em disputa na esfera pública e as condições de sua politização.

No processo político, a re-estruturação neoliberal, na visão da FASE, representa uma tentativa de despolitizar as demandas e o cotidiano da sociedade civil, subtraindo o debate sobre as condições de existência e de reprodução social da cena pública, privatizando as relações sociais e as alternativas de vida. Chama a atenção, também, para o esgotamento da modernização conservadora centrada no Estado corporativista e o advento de uma ordem constitucional liberal-democrática, que deslocaram o conflito político da oposição da soberania do Estado versus soberania da sociedade civil, para uma disputa do sentido e da abrangência da sociedade civil, da esfera pública e da liberdade dos cidadãos, procurando instituir uma identificação da sociedade civil com o mercado capitalista, da esfera pública com a racionalidade técnico-administrativa e da cidadania com os direitos privados e já consolidados dos indivíduos e grupos corporativos.

Nesse sentido, o que está ocorrendo, segundo as pessoas e os textos que representam o pensamento consultados, não é a realização da fantasia do "Estado mínimo", mas o movimento de impedir a ampliação democrática do Estado pela cidadania ativa das classes subalternas e dos movimentos sociais. Com isso, o Estado pretende evitar o "risco" da democracia de massas, que significa uma cidadania articulada em sujeitos coletivos e a politização da sociedade através da socialização da política. Pois, na sociedade brasileira, com suas condições de desigualdade e despotismo sociais, a democracia de massas e a cidadania ativa dos subalternos representam, hoje, a maior ameaça à reprodução dos privilégios e do poder socialmente dominantes.

Em continuidade, a FASE alerta para o fato de que diversos grupos de pressão, especialmente os setores do empresariado identificados com o neoliberalismo, já se articulam com a finalidade de modificar, total ou parcialmente, o texto constitucional. As forças democráticas e sobretudo os movimentos sociais populares estão, em sua maioria, ausentes deste embate. No entanto, sejam contra a revisão constitucional ou a favor dela, esses movimentos não podem deixar que o debate e o sentido da revisão sejam monopolizados pelas elites conservadoras e as classes dominantes.

Vale reconhecer, segundo a FASE, que várias demandas populares elaboradas no bojo dos movimentos sociais populares foram incorporadas à Constituição de 1988. Porém, a não-regulamentação dessas demandas ou a aprovação de leis complementares que as regulamentam em contradição com direitos sociais afirmados no texto constitucional evidenciam a derrota das conquistas resultantes das lutas sociais. Algumas dessas conquistas, embora asseguradas na Carta Constitucional, não se concretizam em políticas definidoras de práticas nem em recursos financeiros para implementá-las. Nessa disputa, as forças conservadoras mais uma vez têm sido vitoriosas. Não mais representadas apenas no antigo latifúndio, personificado pelos velhos "coronéis", uma burguesia territorializada emergiu no processo de modernização conservadora do campo, sobretudo a partir dos anos da ditadura militar (FASE, Revista *Proposta*, n. 64,

1995). No tocante ao termo globalização, a FASE entende que o mesmo está sendo usado para designar a crescente transnacionalização das relações econômicas, sociais, políticas e culturais que vêm sendo observadas no mundo. Ou seja, essa é uma nova formação dos grandes impérios coloniais.

Como podemos notar, a argumentação da FASE concentra-se ainda num campo crítico e procura seguir orientando sua base e seus leitores a uma concepção de mundo e intervenção social, apresentando concepções de esquerda para as eleições municipais a fim de favorecer o que a FASE denomina de "o exercício da democracia e o voto consciente". Por isso, o número 64 da Revista *Proposta* discutiu as eleições municipais e deu indicações para que os eleitores pudessem escolher e votar nas propostas das frentes populares, principalmente. A análise vem acompanhada de experiências mostradas nos artigos que compõem esse número da *Proposta*, apresentando alguns resultados avaliados como positivos para a cidadania, como, por exemplo, a discussão referente à proposta de renda mínima colocada em prática em alguns municípios, sendo que um senador e um prefeito do Partido dos Trabalhadores foram o suporte para essa discussão (FASE, Revista *Proposta*, n. 69, 1996).

É interessante notar que a Revista *Proposta* privilegiava, do ponto de vista partidário, o Partido dos Trabalhadores em seus debates, o que de alguma forma deixa transparecer não só sua opção política como também sua forma de ver as mudanças sociais.

Já a Revista *Proposta* n. 71, do ano de 1997, trouxe uma discussão que inovava em relação aos temas anteriores. Tratava-se do desenvolvimento sustentável, um tema a partir do qual é possível debater problemas ambientais, desemprego, violência e drogas. O texto afirmava que, na realidade, o desenvolvimento capitalista trazia o agravamento da fome, dos conflitos étnicos, poluição, esgotamento ambiental etc. Assim, o entendimento apresentado pela FASE do que vem a ser desenvolvimento sustentável é definido da seguinte forma: "É aquele que atende as necessidades do presente sem comprometer a possibilidade de as gerações futuras atenderem as suas próprias necessidades" (Leroy, 1997: 17).

Em seguida, as discussões se deram em torno da concepção de desenvolvimento local sustentável levando em consideração novos atores sociais como Movimento dos Trabalhadores Sem Terra (MST), movimento negro, de mulheres, de defesa do meio ambiente, dentre outros. Os textos dos anos 90 também traziam experiências de prefeituras que se destacaram no desenvolvimento de programas de geração de emprego e renda, desenvolvimento de cooperativas, orçamento participativo, programa bolsa-escola. Esses programas são encarados pela FASE como capazes de minorar ou anular os efeitos do desemprego, da violência social, degradação do meio ambiente e outras mazelas da sociedade capitalista. A abordagem de temas feita pela FASE, através de sua Revista *Proposta,* já não focalizava a organização dos trabalhadores na luta pela conquista de direitos de cidadania, mas defendia a construção de alternativas autônomas de desenvolvimento sustentável, apontando possíveis rumos para os problemas brasileiros. Com isso chamava a atenção para a crescente desigualdade e desequilíbrio social, afirmando que a sociedade brasileira é campeã em modernizações perversas e crescimento sem equidade (FASE, Revista Proposta, n. 77, 1998).

A Revista *Proposta* n. 80, do ano de 1999, trazia uma crítica sistemática ao governo Fernando Henrique Cardoso e ao que a argumentação caracterizava como um desmonte do Estado nacional. Nesse sentido afirmava que bastaram quatro anos para que esse governo destruísse históricas conquistas dos trabalhadores, bem como desmantelasse o Estado, sendo que as consequências desse desmonte, segundo a FASE, só seriam sentidas nos anos seguintes. A Revista *Proposta* n. 29, do ano de 2000, retomava temas que, segundo a

FASE, permitem uma análise pessimista em relação às perspectivas sociais colocadas aos trabalhadores; fazia severas críticas, porém pontuais, à sociedade capitalista ao mesmo tempo em que vislumbrava, apesar do pessimismo, alternativas de inclusão no interior da estrutura da sociedade tão criticada.

A análise de duas décadas de trabalho social da FASE, caracterizado como de educação popular, pode, à primeira vista, apresentar contradições. Isso porque, nos anos 80, a FASE desenvolve um trabalho de natureza mais política, voltado para a organização dos trabalhadores em sindicatos, partidos políticos e associações de moradores tendo em mira um projeto popular de sociedade. Já nos anos 90, esse trabalho dá uma guinada para questões de natureza local, particular, como problemas de gênero, etnia, educação ambiental, infância e juventude, perdendo de vista a inserção desses problemas em âmbito global ou estrutural, embora aponte em seus discursos preocupações com o avanço do neoliberalismo no Brasil. Isso por um lado, porque, por outro, a produção e atuação da FASE na década de 90 volta-se para questões de cunho econômico, decorrentes de mudanças no mundo do trabalho as quais resultam em desemprego e precarização das relações de trabalho.

A atuação da FASE não pode estar dissociada da estrutura/conjuntura social em que realiza seu trabalho e, se a estrutura capitalista mantém-se a mesma, a conjuntura nas duas décadas analisadas mostra diferenças substantivas em termos da força do Estado e da organização dos movimentos sociais, como já foi afirmado neste mesmo capítulo. Assim, só é possível entender o trabalho social da FASE na perspectiva dialética da contradição, do movimento, da unidade precária dos contrários, na sua relação com o Estado e com os movimentos sociais.

Não compete à FASE fazer a transformação social para a qual, porém, seu trabalho pode contribuir. No momento histórico em que se impõem as políticas neoliberais, acompanhadas de desemprego e caça aos direitos sociais conquistados pelos trabalhadores, suas entidades representativas e de apoio – e a FASE pode ser considerada de apoio – ficam extremamente fragilizadas. A mudança de rumo da FASE pode ser explicada, então, pelo movimento mais forte do capital que impõe seu Estado neoliberal.

Sob esse enfoque é que se podem enumerar alguns limites da atuação das ONGs, tomando a FASE como paradigmática, nos anos 90:

1) As ONGs tornam-se espaços de trabalho remunerado em tempo de escassez de empregos.

2) O espaço ocupado pelas ONGs desobriga o Estado de efetuar concursos públicos para o desempenho de políticas sociais.

3) As ONGs não geram vínculo empregatício, de modo que isso é uma forma de economizar recursos e evitar o aumento de demandas de funcionários.

4) Com isso, as ONGs contribuem para o rebaixamento do valor da força de trabalho.

5) Os projetos das ONGs, visando arrecadar recursos, precisam apresentar metas em termos de resultados a ser alcançados, o que caracteriza a atuação dessas organizações como prestadoras de serviços.

6) Do trabalho político de conscientização e organização, efetuado nos anos 80, as ONGs passam a preocupar-se em organizar os trabalhadores para que estes busquem alternativas de trabalho associado, dentro da chamada economia solidária.

De todo modo, esses limites apontam para uma despolitização das lutas colocando-se as ONGs como intermediárias entre os trabalhadores e o Estado. Na perspectiva da contradição, no entanto, é possível vislumbrar perspectivas de os trabalhadores começarem a pensar em novas formas de organização do trabalho, as quais passam pela experiência de relações cooperativas, democráticas e de autogestão, que vêm sendo estimuladas por diferentes ONGs, inclusive a FASE. A emancipação é tarefa dos trabalhadores e trabalhadoras que não prescindem de apoios, como os das ONGs, e da construção de entidades autônomas.

CONSIDERAÇÕES FINAIS

A discussão, ainda que parcial, da trajetória das ONGs e da FASE como sujeito histórico e de pesquisa possibilitou-me entender melhor e com mais qualidade o papel dessas organizações na nossa sociedade. E por esse estudo ser parcial creio não ter como concluí-lo. Penso que ainda haja um rico manancial de pesquisa nas diversas sedes, experiências e processos educacionais da FASE, permitindo uma análise mais detalhada dessa ONG, para poder, de fato, afirmar ou não minhas conclusões parciais a respeito dela. Minha pesquisa é, portanto, apenas uma contribuição nesse sentido.

Como vimos, as ONGs não somente se generalizaram como forma de organização, mas transformaram-se em nova forma de governo. Nunca é demais lembrar que as ONGs se constituem no interior do marco liberal e se, em um determinado momento, caracterizaram-se pela condição de efetuarem críticas ao modelo de Estado liberal e sua burocracia, hoje passam por um processo de redefinição de seus princípios e metas. Nos anos 80 elas se colocavam como entidades ativas, confrontando-se com as políticas governamentais. No entanto, a partir dos anos 90, essa característica é substituída por uma postura contraditória de afinidade e, ao mesmo tempo, de crítica ao Estado. Ou seja, as ONGs, que estiveram voltadas para o apoio aos movimentos sociais nos anos 80, principalmente devido ao regime militar, descobrem-se em novas funções e crescem prestando serviços ao Estado nos anos 90. Em breve espaço de tempo deixam de ser meros apoios e passam a ter centralidade, pois o novo padrão flexível de acumulação irá exigir novas relações sociais entre o Estado e a sociedade civil. As ONGs assumem a liderança de vários processos sociais, que antes eram de domínio das lideranças dos movimentos sociais. Isso foi o que concluiu o relatório elaborado ao final do Primeiro Encontro Internacional de Cooperação e ONGs, no ano de 1991. Esse relatório afirma que as ONGs não deveriam mais se esconder atrás dos movimentos sociais, pois já haviam adquirido perfil próprio naquele momento.

O conteúdo analisado das entrevistas, revistas e documentos da FASE mostra uma mudança na linha de trabalho que passa da militância, da politização da sociedade civil e junto aos movimentos sociais à execução de atividades de interesse público fora da máquina governamental, com "custos menores" e "maior eficiência". Consolidam o trabalho social com as comunidades identificadas com as populações mais pobres. Porém, ao invés da abordagem dos problemas coletivos urbanos e rurais e da assessoria aos movimentos sociais, o trabalho social da FASE fragmenta-se em demandas específicas de atendimento a crianças e mulheres ou a categorias sociais recortadas por idade, gênero, raça.

Assim, as ONGs poderão ser utilizadas como espaços para abrigar grupos de pressão e *lobbies*, ávidos por lançar mão dos fundos públicos, direcionando-os para interesses de minorias, em nome de ações mais eficazes. Desse modo, colocam-se como possibilidades à medida que representam um novo espaço organizativo de forma mais espontânea, menos burocratizada, o que corrobora com Pereira, quando afirma:

Desse modo, o Estado abandona o papel de executor ou prestador direto de serviços, mantendo-se entretanto no papel de regulador e provedor ou promotor destes, principalmente dos serviços sociais, como educação e saúde, que são essenciais para o desenvolvimento, na medida em que envolvem investimento em capital humano. Como promotor desses serviços o Estado continuará a subsidiá-los, buscando, ao mesmo tempo, o controle social direto e a participação da sociedade (Pereira, 1998: 9).

Por outro lado, observa-se que as ONGs adquiriram grande importância e que uma parcela significativa delas é praticamente governamental, considerando-se sua postura e seus objetivos, haja vista que coordenam interesses nos quais o Estado está diretamente interessado e financia.[62] Como se pode notar, sem nenhuma surpresa, as ações das ONGs estão no mesmíssimo patamar das famigeradas reformas gerenciais do Estado em nome de novos direitos da cidadania de mercado, da cidadania de clientela etc. Com isso, a "aura positiva das ações voluntárias sem fins lucrativos" não decorre apenas da sua inegável funcionalidade na legitimação das políticas sociais compensatórias, recomendadas pelos próprios patrocinadores da devastação econômica em andamento. De fato, as ONGs colaboram com o novo padrão de financiamento mundial de uma economia que impõe um regime de subcontratação múltipla de funções, que o Estado não considera mais como de sua exclusividade. Assim,

> ao oferecer uma perspectiva que se distingue daquela dada pelo governo ou pelo setor privado, as ONGs podem ajudar a compor um quadro mais completo e equilibrado do contexto. As ONGs têm sido particularmente efetivas em chamar atenção para preocupações ambientais e trazer a público a perspectiva daqueles cuja expressão pública é mais fácil (Banco Mundial, 1995: 22).

---

[62] Como consta no documento *ONG no Brasil: perfil e catálogo das associações da ABONG* (2002), pode-se notar o crescente financiamento do Estado junto às ONGs.

Os novos donos do mundo estabelecem que o trabalho das ONGs deve, inexoravelmente, atender as categorias de trabalhadores que estão ficando obsoletas no mundo do trabalho. Pois agora, com total liberdade de movimento e de posse de recursos do fundo público, as ONGs terão uma margem maior de manobra. Isso por um lado. Por outro, essa intervenção assume um significado de maior alienação em nome de um ultrapassado direito ao trabalho assalariado. Então é isso o que se vê quando as ONGs procuram conservar o que ainda sobra do Estado de Bem-Estar Social, colocando-se no topo da nova onda das forças produtivas.

Sinceramente, espero que, ao fazer tais afirmações, não esteja cometendo nenhuma injustiça, visto que as ONGs, na sua maioria, decretaram a falência, o fim da utopia da transformação social ao praticamente tornarem-se Estado/governo. Faço esta afirmação porque os resultados da pesquisa demonstraram que as iniciativas educacionais da FASE, para além dos limites e possibilidades que oferecem mesmo dentro dos espaços peculiares aos processos de participação na democracia capitalista, acabam por favorecer a integração de parte significativa dos movimentos sociais ao Estado. Isso se dá na medida em que suas políticas adotam uma postura de suporte, de ajustamento social, e não impulsionam as organizações para o campo da autonomia e crítica do modelo social. As ONGs terminam, assim, por formatar perspectivas educativas num movimento de apelação e mediação entre Estado e os movimentos sociais. Reforçam, com isso, o que já era observado por Marx, no *Dezoito Brumário* (1997), quando este afirma que a composição entre a classe que vive do trabalho e a burguesia levará a constantes fracassos dos trabalhadores. Por isso, os trabalhadores devem seguir autonomamente sua luta por uma sociedade livre e socialista. Assim, travar o conflito e aclarar a contradição faz parte do processo educativo que educa a classe que vive do trabalho, para a transformação social.

O conteúdo crítico que a FASE por vezes demonstrou ter em relação a essa situação não foi suficiente para que revisasse sua atuação. Assim, penso ser necessário que o sujeito histórico FASE repense seu referencial teórico e seus métodos se realmente pretende contribuir para o fim da sociedade capitalista. Até então, a mudança de seu referencial teórico-prático dirige-se aos resultados da aplicação e da aceitação da disciplina das políticas neoliberais determinadas pelo Estado. Seu trabalho social vai deixando progressivamente de se dar diretamente com os trabalhadores para alcançar sujeitos cuja base não é "exclusivamente classista", aprofundando cada vez mais o caráter do trabalho de assessoramento aos movimentos sociais, constituindo-se uma espécie de organização de intelectuais que organiza os trabalhadores, o que se contrapõe teoricamente ao que Gramsci discute no tocante aos intelectuais orgânicos de classe. Este pensador italiano afirma que todo homem é filósofo, por compreender que toda atividade humana corresponde a uma determinada concepção de mundo, e formula algumas hipóteses para se chegar ao que chama de "momento da crítica e da consciência". Assim, indaga: é preferível "pensar" sem ter consciência crítica, ou seja, "participar" de uma concepção de mundo imposta por outros grupos sociais, ou é preferível elaborar sua própria concepção de mundo de uma maneira crítica e consciente, participando da construção histórica do mundo?

Dessa forma, Gramsci aponta para uma construção humana que possa criticar sua própria concepção de mundo a fim de torná-la unitária e coerente, para iniciar uma elaboração crítica e consciente daquilo que somos. Por isso, Gramsci se apressa em dizer que se é verdade que toda linguagem contém os elementos de uma concepção de mundo e de uma cultura, será igualmente verdade que, a partir da linguagem de cada um, é possível julgar a maior ou menor complexidade de sua concepção de mundo (Gramsci, 1978).

Esse processo de formação humana em Gramsci é fundamental, pois é a partir dessa formação que será forjado um novo homem, ou seja, o homem socialista. Daí a importância de ressaltar a presença do partido político que contribuirá para a elaboração e difusão das concepções do mundo, bem como lembrará a importância da passagem de uma concepção mecanicista para uma concepção dialética, viva e ativa, que tornará possível uma justa compreensão da unidade entre teoria e prática.

Dessa maneira, considerando o aporte teórico da FASE, é possível afirmar que suas atuais perspectivas se mostram favoráveis a dar suporte ao Estado minimalista, apesar das críticas feitas nas revistas *Proposta* dos anos 90. Ao aceitar o financiamento da União, Estados e Municípios legitimam a terceirização e a precarização das relações de trabalho, na medida em que praticamente deixam de existir concursos públicos, favorecendo a não-criação de novos postos de trabalho, pois existem ONGs como a FASE prestando serviços e querendo sempre a renovação de seus projetos. O caminho adotado nos anos 90 acaba por afastá-la das diretrizes que a sustentavam nos anos 80, diretrizes essas que colocavam o tempo todo em xeque a sociedade capitalista e buscavam no socialismo uma forma de superação das desigualdades sociais.

Assim, a FASE parece contribuir com a máxima de que dentro de cada oprimido habita um opressor, pois parece formar lideranças oprimidas que, na sequência, oprimem os próprios companheiros de luta. Fica evidente, na prática da FASE, que seu processo educacional popular acaba freando parte dos movimentos sociais, provocando neles uma integração ao capitalismo, ou seja, abandonam sua condição de intelectuais orgânicos dos trabalhadores e se colocam por vezes ideologicamente a serviço do Estado e do capital.

Pode-se tomar como referência para confirmar o argumento acima exposto uma visada nos objetivos da FASE, resumidos no lema "Solidariedade e educação" e que procuram:

a) promover a educação e o desenvolvimento nas parcelas da população com as quais trabalha, através do incentivo a comportamentos de participação;
b) favorecer a organização e solidariedade e, portanto, a criação de movimentos, organismos e associações e da defesa do meio ambiente;
c) contribuir para a confrontação da pobreza, a garantia dos direitos sociais mínimos e o provimento de condições para atender as contingências sociais;
d) promover a assistência técnica através da elaboração e da divulgação de metodologias, pesquisas, avaliações, planos, projetos e estudos necessários à realização de ações;
e) disseminar o enfoque inovador da sustentabilidade. De modo irrevogável, uma análise desses objetivos e das práticas que os concretizam indica que as ONGs e a FASE, sujeito/objeto desta pesquisa, em particular, acabam integrando-se à nova ordem mundial.

É necessário observar que as propostas da FASE sempre se mostram influenciadas pela conjuntura política da época (o que é um elemento decisivo para determinar os limites de sua atuação), assim como estão condicionadas pelo estágio em que se encontra o movimento social. Se, por um lado, elas vieram a suprir carências da população e, consequentemente, permitir uma acumulação direta do capital, por outro lado significaram uma possibilidade de organização para a população em torno de seus interesses e necessidades reais. Enquanto entidade imersa em um modo de produção capitalista, que se sustenta e é sustentado por um Estado (neo)liberal, a FASE não poderá escapar às contradições que atravessam este modo de produção, sua sociedade liberal, as relações sociais e as instituições e entidades que, dentro dele, se organizam.

A FASE, com suas políticas, acaba sustentando a sociedade capitalista na medida em que suas propostas de educação favorecem a retração de parte dos movimentos sociais, apesar de suas críticas. Será que a FASE pode ser considerada uma ONG como muitas outras que somente apresentam projetos nas linhas de financiamento propostas pelos governos e, desse modo, realizam parcerias[63] com o Estado, assumindo o papel que seria deste na execução das políticas sociais?

Interessante é observar nos documentos da FASE, que avançam para os anos 90, que seu discurso e seus conceitos começam a se tornar dúbios, ora afirmando a necessidade da igualdade, ora afirmando a necessidade da equidade. Vale ressaltar que esses conceitos não têm o mesmo significado. Igualdade significa ter o mesmo peso, o mesmo valor, ou seja, nesse caso, o mesmo direito, as mesmas condições de vida; já equidade traz como princípio uma certa necessidade de reconhecimento de direito, ou seja, apresenta a possibilidade de estender certos benefícios alcançados por algum ou por alguns grupos a outros e assim oferecer o mínimo necessário.

Outra questão pode ser apontada na dicotomia entre a concepção de sujeito e de ator. Também esses conceitos não guardam identidade. O termo sujeito tem o sentido daquele que intervém diretamente no processo; Paulo Freire, por exemplo, sempre usou a perspectiva do sujeito como sendo aquele que é capaz de mudar e forjar sua realidade a partir de sua própria intervenção. Enquanto isso, a noção de ator identifica aquele que representa um papel ou que está assujeitado a um papel determinado, definido fora dele, por um sujeito.

---

[63] O conceito de parceria está ideologicamente vinculado à reforma do Estado proposta por Pereira (1997), que origina uma nova composição no modelo administrativo gerencial, ou seja, na prática retira **do Estado sua** responsabilidade social e repassa para terceiros(ONGs e organizações do Terceiro Setor), principalmente serviços para a população pobre/miserável.

Dessa forma, pode-se notar que essa dubiedade referente às relações entre igualdade-equidade e entre sujeito-ator são próprias das disputas ideológicas e de marcos diferentes de sociedade. Pode-se dizer que, no primeiro plano, o de sujeito e igualdade, está colocada uma concepção orgânica de mudança da sociedade, de contestação do capitalismo com fortes perspectivas socialistas. No segundo, o de equidade e ator, compõe-se numa perspectiva reativa ao campo marxista e se avança na lógica pós-moderna da sociedade que funciona como suporte e aporte ideológico para a configuração neoliberal da sociedade capitalista.

Da mesma forma, poderíamos repensar tendo com aporte os anos 80 e 90, qual o significado de "educador popular", e de sua concepção de cidadania.

Será que o ser educador popular deixou de ser aquele que na sua crítica buscava uma intervenção social capaz de mudar os rumos da sociedade (ou seja, um tipo de agente conscientizador, aquele que buscava questionar para demonstrar as contradições da sociedade) ou temos hoje um tipo de educador social[64] que é apenas um mero mediador de conflitos entre o Estado e os movimentos sociais?

Na intervenção e nas discussões referentes a questões agrárias percebe-se o uso incondicional da palavra sustentável.[65] Mas o que quer dizer esse termo senão a ideologia de que é possível termos um capitalismo mais humano que, nesta ideologia, é capaz de, ao mesmo tempo, devastar a natureza e financiar projetos de reflorestamento ou mesmo ser "benevolente" com partes insignificantes das florestas en-

---

[64] Sobre a noção de educador social, forjada dentro do Estado neoliberal e que pretende substituir os movimentos sociais como sujeitos educativos de formação da classe que vive do trabalho, ver Ribeiro, 2005.
[65] Por meio da Interamerican Foundation, entidade ligada ao Congresso Norte Americano, que recebe recursos do tesouro dos EUA e que investiu pelo menos 18 milhões em projetos sociais e ambientalistas no Brasil apoiando ONGs ambientalistas (FSP, 08/02/2004).

quanto interessam da forma como estão ao processo de acumulação de capital, garantindo uma certa preservação do meio ambiente.

Creio que esses termos aliados a uma "responsabilidade social" tão decantada nesses anos favorecem um rol de parcerias financiadoras que, no caso específico da FASE, conta, por exemplo, com: o Grupo de Instituições de Empresas, Fundação ABRINQ, Fundação Educar DPaschoal, Fundação FORD, Bank Information Center. O que é importante saber é qual o objetivo dessas instituições parceiras em relação às mudanças sociais propostas pela FASE. Afinal, o lema é transformar ou reformar o capitalismo? E a FASE, em que plano se coloca, como agente da transformação social ou da acomodação à sociedade capitalista?

Dessa forma, creio que a FASE acaba contribuindo significativamente para a permanência da sociedade nos atuais moldes, pois sua proposta de educação, ao contrário do que argumenta ao trazer as escolas comunitárias, não fortalece a disputa e a contradição na base da sociedade capitalista, e sim fragmenta a escola pública e o público, deixando inscrita a incompetência do Estado capitalista, retirando suas responsabilidades e a possibilidade de, nas lutas sociais, ser desvelado seu conteúdo de classe. As ONGs pretendem apresentar-se como verdadeiras entidades capazes de promover as mudanças no seio da sociedade sem que isso signifique uma radical ruptura com o capitalismo, na medida em que aceitam o gerenciamento de políticas de precarização e terceirização do trabalho. Além do mais, substituem o espaço público, mesmo que precário, do Estado pelo espaço privado constituinte dessas ONGs. O que contradiz a afirmação de que a FASE estava "renunciando à herança de assumirmos o desenvolvimento como forma de diluição dos conflitos e antagonismos de interesse de classe em nossa sociedade" (Durão, 1998: 228).

É de posse dessa argumentação, marcada pela ideologia do Estado incapaz, que as ONGs e o Terceiro Setor se desenvolvem, passando a dominar a relação entre o público e o privado, assumindo a responsabilidade que seria do Estado no que tange ao gerenciamento e à promoção de políticas públicas de caráter social.

Por conseguinte, podemos notar que, apesar da intervenção da FASE e das diversas ONGs que atuam nos mais diversos setores da sociedade, as questões sociais se avolumam, concomitantes ao processo de crescimento desse setor, percebendo-se a diminuição crescente da presença do Estado e de suas políticas públicas e sociais, pois cada vez mais são repassadas as funções do Estado para terceiros, no caso as ONGs e o Terceiro Setor. Assim, o financiamento das ONGs, inclusive da FASE, hoje tem uma participação significativa da União, dos Estados e dos Municípios.

Na verdade, está inserida naquilo que defende Garrison (2000), ou seja, que as ONGs saem do plano da confrontação com o Estado para serem suas verdadeiras aliadas, reforçando as definições do Banco Mundial para esse setor, quando define que as ONGs devem buscar financiamento internamente, e não mais externamente, pois sua competência lhes abrirá portas dentro do espaço estatal. Dessa forma, as propostas da FASE acabam por inserir-se na orientação contida nos documentos do Banco Mundial (1997) expressos no capítulo III.

A realidade que se apresenta não deixa dúvidas de que as ONGs, em sua maioria, bem como a FASE em particular, da forma como estão organizadas aumentam a posse e o consumo de uns poucos e a miséria e a fome de muitos outros, diminuindo a capacidade de grande parte dos movimentos sociais de organização e de ação contra a barbárie. Assim, os movimentos sociais que eram fortes nos anos 80 praticamente abandonam sua condição de sujeitos históricos, críticos da realidade e produtores de conhecimento, passando a incorporar uma perspectiva pragmática de educação básica, de menor custo, destinada à força de trabalho tornada obsoleta porque não encontra mais espaço no mercado capitalista neoliberal. Denunciando a educação bancária, Paulo Freire se empenhou em desmistificar a dimensão autoritária da escola pública e a buscar formas de construir, através da educação popular, um pensamento autônomo, uma consciência soberana que questione a exploração do homem pelo homem dando consequência à luta de classes.

Dessa forma, ao abandonar a contradição e uma postura de intelectuais coletivos encarnada nas lutas sociais dos trabalhadores, as ONGs parecem assumir compromisso efetivo com uma matriz de pensamento, com uma verdade, com uma forma de agir que fortalece a passividade e a submissão dos movimentos sociais. A partir dessa lógica, esses movimentos são colocados em seus devidos "lugares", confirmando a dominação de classe como algo impossível de ser superado.

Assim, julgo que, ao constituir escolas comunitárias e ao sair do espaço de disputa ideológica que é a escola pública, a FASE parece desconsiderar que a escola não é a fonte da alienação, discriminação, exploração do trabalho e expropriação da terra e demais mazelas da sociedade que daí decorrem. Por isso, negar a escola pública, alegando ser esse o espaço da opressão e discriminação da classe que vive do trabalho, só contribui para o desvio do foco de debate, negando, dessa maneira, o confronto, a disputa ideológica e a capacidade de organização da classe trabalhadora. Dessa forma, a FASE parece afirmar que as reivindicações dos movimentos sociais se esgotam no interior do próprio Estado e são limitadas e incapazes de transcender o local, o particular e uma categoria específica de trabalhadores para inserir--se num projeto social mais amplo, que penso ser o socialismo.

REFERÊNCIAS BIBLIOGRÁFICAS

ABONG: *ONGs no Brasil 2002: perfil e catálogo das associadas à ABONG*. São Paulo, 2002.

ALENCAR, Chico; CARPI, Lúcia e RIBEIRO, Marcus Venício. *História da Sociedade Brasileira*. 14ª ed. Rio de Janeiro: Ao Livro Técnico, 1996.

ANDERSON, P. "Balanço do neoliberalismo". In: SADER, E. e GENTILI, P. (orgs.) *Pós-neoliberalismo: as políticas sociais e o estado democrático*. Rio de Janeiro: Paz e Terra, 1995.

ANDRÉ, M. E. "D. A. Estudo de caso: seu potencial na educação". In: *Anais do II Seminário de pesquisa em educação da região Sudeste*. Belo Horizonte, p. 24-31, 1983.

ANTUNES, R. *Os sentidos do trabalho:* Ensaios sobre a afirmação e a negação do trabalho. São Paulo: Boitempo, 1999.

_____. *Adeus ao trabalho?* Ensaio sobre as metamorfoses e a centralidade do mundo do trabalho. São Paulo: Cortez, 1997.

ARAPIRACA, J. O. *A USAID e a Educação Brasileira*. São Paulo: Cortez e Autores Associados, 1982.

ARROYO, M. "Educação básica e movimentos sociais". In: *Articulação Nacional Por Uma Educação Básica do Campo. A educação básica e o movimento social do campo*. Brasília: UNICEF, UNB, UNESCO, MST, CNBB, p. 13-36, 1999.

ARRUDA, M. "ONGs e o Banco Mundial: é possível colaborar criticamente?" In: TOMMASI, L.; WARDE, M. J. e HADDAD, S. (orgs.). *O Banco Mundial e as políticas educacionais*. São Paulo: Cortez, 1996.

Assunção, L. L. *A invenção das ONGs: do serviço invisível à profissão sem nome*. Rio de Janeiro: UFRJ, 1993. Tese. Programa de Pós-Graduação em Antropologia Social, Museu Nacional, Universidade Federal do Rio de Janeiro, 1993.

_____. Notas para um perfil das ONGs. Disponível em http://www.abong.org.br. 2002, 14 p.

Bachelard, G. "O novo espírito científico". In: *Obras Escolhidas*. São Paulo: Abril Cultural, 1974. Coleção Os Pensadores, n. XXXVIII.

Banco Mundial. *Novas políticas urbanas. ONGs e governos municipais na democratização latino-americana*. Compilado por Charles A. Reilly. Washington, D. C., 1994.

Banco Mundial. *Relatório sobre o desenvolvimento mundial. 1997: o Estado num mundo em transformação*. Washington, D. C., 1997.

Banco Mundial. *Avaliação da pobreza no Brasil*. (S. l.: s. n. t.). V. I Relatório Principal, 1994.

Bobbio, N.; Matteuci, N. e Pasquino, G. *Dicionário de Política*. 7ª ed. Brasília: Ed. UNB, p. 404-405, 1995.

Bourdieu, P.; Chamboredon, J. C. ; Passeron, J. C. *A profissão de sociólogo*. Preliminares epistemológicos. Petrópolis: Vozes, 1999.

Braga, R. "Globalização ou neocolonialismo: o FMI e a armadilha do ajuste". In: *Revista Outubro*, São Paulo, n. 4, 2000, p. 55-68.

Buci-Glucksmann, C. *Gramsci e o Estado*. São Paulo: Paz e Terra, 1980.

Cadernos Abong: *ONGs identidade e desafios atuais*. São Paulo: Autores Associados, 2000.

Calazans, Julieta Costa. "Para compreender a educação do Estado no meio rural". In: Therrien, J. e Damasceno, M. N. (orgs.). *Educação e Escola no Campo*. Campinas/SP: Papirus, 1993, p. 15-42.

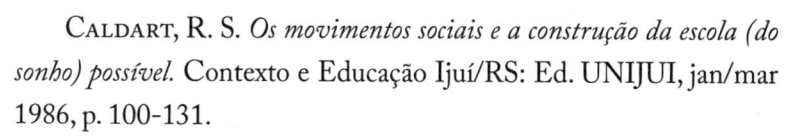

CALDART, R. S. *Os movimentos sociais e a construção da escola (do sonho) possível*. Contexto e Educação Ijuí/RS: Ed. UNIJUI, jan/mar 1986, p. 100-131.

_____. Os movimentos sociais e a formação de uma nova pedagogia. *Contexto e Educação*. Ijui/RS: UNIJUI, ano 2, n. 08, out./dez., 1987, p. 19-33.

_____. "Os paradigmas teórico-metodológicos sobre uma forma de educação popular: os movimentos sociais urbanos". *Contexto e Educação*. Ijui/RS: Ed. UNIJUI, abril/junho, 1989, p. 62-69.

_____. *Pedagogia do Movimento Sem Terra*. Petrópolis: Vozes, 2000.

CARDOSO, M. L. "Ideologia da globalização e descaminhos da ciência social". In: GENTILI, P. (org). *Globalização excludente. Desigualdades, exclusão e democracia na nova ordem mundial*. Petrópolis: Vozes, 1999, p. 96-127.

CARRION, R. K. M. e VIZENTINI, P. G. F. (orgs.). *Globalização, neoliberalismo, privatizações. Quem decide este jogo?* 2ª ed. Porto Alegre: Ed. UFRGS, 1998.

CARVALHO, N. V. *Autogestão: o nascimento das ONGs*. São Paulo: Brasiliense, 1995.

CASTEL, Robert. A nova questão social. *Metamorfoses da questão social*. Petrópolis: Vozes, p. 495-592, 1998.

CHESNAIS, F. "O capitalismo de final de século". In: COGGIOLA, O. (org). *Globalização e socialismo*. São Paulo: Xamã, 1997.

_____. "Rumo a uma mudança total dos parâmetros econômicos mundiais e dos enfrentamentos políticos e sociais". In: Revista *Outubro* (1). São Paulo: Xamã, 1998, p. 7-32.

CLASTRES, P. *A sociedade contra o Estado*. 2ª ed. Rio de Janeiro: Francisco Alves, 1958.

COELHO, S. C. T. *Terceiro setor: um estudo comparado entre Brasil e Estados Unidos*. São Paulo: SENAC, 2000.

CORAGGIO, J. L. *Desenvolvimento humano e educação*. São Paulo: Cortez, 1996.

_____. "Las propuestas del Banco Mundial para la educación: ¿sentido oculto o problemas de concepción?" In: CORAGGIO, J. L. e TORRES, R. M. *La educación según el Banco Mundial. Un análisis de sus propuestas y métodos*. Buenos Aires: Miño y D'Avila Ed., 1997, p. 11-68.

DAVIES, N. *O FUNDEF e o orçamento da educação. Desvendando a caixa preta*. São Paulo: Ed. Associados, 1999.

DIAS, M. N. *Organizações Não Governamentais de desenvolvimento rural: identidade e proposta*. Santa Maria/RS: UFSM, 1998. Dissertação de mestrado – Programa de Pós-Graduação em Extensão Rural.

DUPAS, G. *Tensões contemporâneas entre o público e o privado*. São Paulo: Paz e Terra, 2003.

DURÃO, J. E. S. "A FASE como entidade de educação e desenvolvimento". In: *Desenvolvimento cooperação internacional e as ONGs*, Revista *Proposta*, n. 53, 1992, p. 224-232

EDUCAÇÃO PARA TODOS: E AS ONGS. UNICEF, 1990.

FALEIROS, V. *A política social do Estado capitalista*. São Paulo: Cortez, 1991.

FARIAS, F. B. O *Estado capitalista contemporâneo: para a crítica das visões regulacionistas*. São Paulo: Cortez, 2000.

FERNANDES, R. C. *Privado porém público: o terceiro setor na América Latina*. Rio de Janeiro: Relume-Dumará, 1994.

FERNANDES, R. C. "As Organizações Não Governamentais diante do Estado". In: GONÇALVES, H. S. (org.). *Organizações Não Governamentais: solução ou problema?* São Paulo: Estação Liberdade, 1996.

FERRARO, A. e RIBEIRO, M. "Políticas públicas em trabalho, educação e lazer: a questão da interdisciplinariedade". In: FERRARO,

Alceu Ravanello e RIBEIRO, Marlene (orgs.). *Movimentos Sociais: Revolução e reação*. Pelotas/RS: Educat, 2001.

FERRARO, A. "Movimento neoliberal: gênese, natureza e trajetória". In: FERRARO, Alceu Ravanello e RIBEIRO, Marlene (orgs.). *Movimentos Sociais: Revolução e reação*. Pelotas/RS: Educat, 1999.

_____. "Malthus, população, pobreza e educação". In: *Cadernos de Educação*, n. 8. Pelotas/RS: EDUCAT, jun., 1997, p. 5-20.

_____. "Neoliberalismo e políticas públicas. A propósito do propalado retorno às fontes". In: FERREIRA, M. O. V. e GUGLIANO, A. A. *Fragmentos da globalização na educação*. Porto Alegre: Artes Médicas, 2000, p. 23-76.

FERRARO, Alceu R. e RIBEIRO, Marlene. "Introdução". In: *Movimentos Sociais: revolução e reação*. Pelotas/RS: EDUCAT, 1999, p. 9-16.

FIDALGO, Fernando & MACHADO, Lucília. *Dicionário de Educação Profissional*. Belo Horizonte: NEPE/UFMG, 2000.

FIORI, José Luis. "Aos condenados da terra". In: *Os Moedeiros Falsos*. Petrópolis: Vozes, 1998, p. 77-88.

FISCHER, R. M. *O desafio da colaboração: práticas e responsabilidade social entre empresa e terceiro setor*. São Paulo: Ed. Gente, 2002.

FORRESTER, V. *O horror econômico*. São Paulo: UNESP, 1997.

FREIRE, P. "A educação e o processo de mudança social". In: FREIRE, P. *Educação e mudança*. 20ª ed. Rio de Janeiro: Paz e Terra, 1979.

_____. *Pedagogia do oprimido*. 7ª ed. Rio de Janeiro: Paz e Terra, 1978.

FRIEDMAN. M. *Capitalismo e Liberdade*. São Paulo: Abril Cultural, 1984.

FRIGOTTO, G. *Educação e a crise do capitalismo real*. São Paulo: Cortez, 1995.

_____. "Os delírios da razão: crise do capital e metamorfose conceitual no campo educacional". In: PABLO, G. *Pedagogia da exclusão*. Petrópolis: Ed. Vozes, 1995.

_____. *A produtividade da escola improdutiva*. São Paulo: Cortez e Autores Associados, 1994.

FUKUYAMA, F. *O fim da história e o último homem*. Rio de Janeiro: Rocco, 1992.

FURTADO, C. *O mito do desenvolvimento econômico*. São Paulo: Círculo do Livro, s/d.

GARRISON, J. W. *Do confronto à colaboração: relação entre sociedade civil, o governo e o Banco Mundial do Brasil*. Brasília: Banco Mundial, 2000.

GIDDENS, A. *Para Além da Esquerda e da Direita*. São Paulo: UNESP, 1996.

GOHN, M. G. *Os sem-terra, ONGs e cidadania*. São Paulo: Cortez, 1997.

_____. *Educação não formal e cultura política*. São Paulo: Cortez, 1999.

_____. *História dos movimentos e lutas sociais*. São Paulo: Loyola, 1995.

_____. *Mídia, terceiro setor e MST: impactos sobre o futuro das cidades e do campo*. Petrópolis: Vozes, 2000.

_____. *Movimentos sociais e educação*. São Paulo: Cortez, 1992.

_____. *Teoria dos movimentos sociais: paradigmas clássicos e contemporâneos*. São Paulo: Loyola, 1997.

GOLDENBERG, M. *A arte de pesquisar: como fazer pesquisa qualitativa em ciências sociais*. São Paulo: Record, 1999.

GONÇALVES, H. S (org.). "O Estado diante das Organizações Não Governamentais". In: GONÇALVES, H. S. (org.). *Organizações Não Governamentais: solução ou problema?* São Paulo: Estação Liberdade, 1996.

GRAMSCI, A. *Concepção Dialética da História*. 2ª ed. Rio de Janeiro, Civilização Brasileira, 1981.

_____. *Maquiavel, a Política e o Estado Moderno*. 7ª ed. Rio de Janeiro, Civilização Brasileira, 1989.

_____. *Os intelectuais e a organização da cultura*. São Paulo: Círculo do Livro, s/d.

_____. *Cadernos do Cárcere*. Vol. 4. Rio de Janeiro: Civilização Brasileira, 2001.

GRUPPI, L. *O conceito de hegemonia em Gramsci*. Rio de Janeiro: Graal, 1978.

HABERMAS, J. "A nova intransparência". In: *Novos Estudos*, n. 18. São Paulo: CEBRAP, p. 103-114, set., 1987.

HABERMAS, J. "O Estado-nação europeu frente aos desafios da globalização". In: *Novos Estudos*. São Paulo: CEBRAP, n. 43, 1995, p. 87-101.

HADDAD, S. (org.) *ONGs e universidades: desafios para a cooperação na América Latina*. São Paulo: ABONG; Peirópolis, 2002.

HAYEK, F. A. *O caminho da servidão*. Rio de Janeiro: Instituto Liberal, 1990.

HARVEY, D. *Condição Pós-Moderna*. 7. ed. São Paulo: Loyola, 1998.

HOBSBAWM, E. "Adeus a tudo aquilo". In: BLACKBURN, R. (org). *Depois da queda*. 2ª ed. Rio de Janeiro: Paz e Terra, 1993, p. 93-106.

_____. "Renascendo das cinzas". In: BLACKBURN, R. (org). *Depois da queda*. 2ª ed. Rio de Janeiro: Paz e Terra, 1993, p. 255-270.

_____. *A Era dos Extremos. O breve século XX – 1914 – 1991*. São Paulo: Cia. das Letras, 1995.

HUNT, E. K. e SHERMAN, H. J. *A história do pensamento econômico*. Petrópolis, RJ: Vozes, 1988.

LAVAL, Christian. *A escola não é uma empresa. O neoliberalismo em ataque ao ensino público*. Londrina/PR: Ed. Planta, 2004.

LAUREL, A. C. (org.). *Estado e Políticas Sociais no neoliberalismo*. São Paulo: Cortez, 1997.

LAVILLE, C. e DIONNE, J. *A construção do saber: Manual de metodologia da pesquisa em ciências humanas*. Porto Alegre: Artes Médicas, 1999.

LEHER, R. *Da ideologia do desenvolvimento à ideologia da globalização: a educação como estratégia do Banco Mundial para o "alívio" da pobreza*. São Paulo: USP, 1998. Tese. Programa de Pós-Graduação em Educação, Universidade de São Paulo.

_____. *Reforma do Estado: o privado contra o público*. Documento inédito. 2003, 27 p.

_____. "Tempo, autonomia, sociedade civil e esfera pública: uma introdução ao debate a propósito dos novos movimentos sociais na educação". In: GENTILI, P. e FRIGOTTO, G. *A cidadania negada*. Políticas de exclusão na educação e no trabalho. Buenos Aires: CLACSO, 2000, p. 145-176, 2000.

LEHER, R. e SADER, E. *Público, estatal e privado na reforma universitária*. Documento inédito. 2003, 32 p.

LÊNIN, V. I. *O Estado e a Revolução*. São Paulo: Hucitec, 1986.

LEROY, J. P. "Políticas públicas e meio ambiente na Amazônia". In: Revista *Proposta*, n. 59. Rio de Janeiro, 1993, p. 33-37.

LÖWY, M. *Marxismo e Teologia da Libertação*. São Paulo: Cortez e Autores Associados, 1991.

LUDKE, M. e ANDRÉ, M. E. D. *A Pesquisa em educação: abordagens qualitativas*. São Paulo: EPU, 1986.

LUKÁCS, G. *História e consciência de classe*. Lisboa: Publicações Escorpião, 1974.

LUXEMBURGO, R. *Reforma ou revolução?* São Paulo: Ed. Expressão Popular, 2001.

MARX, K. *Obras Escolhidas*. São Paulo: Ed. Alfa-Omega, v. 2, 1995.

_____. *O 18 Brumário e Cartas a Kugelmann*. São Paulo: Paz e Terra, 1997.

MARX, K. e ENGELS, F. *A ideologia alemã*. São Paulo: Hucitec, 1993.

MENESCAL, A. K. "História e gênese das Organizações Não Governamentais". In: GONÇALVES, H. S. (org.). *Organizações Não Governamentais: solução ou problema?* São Paulo: Estação Liberdade, 1996.

MÉSZÁROS, I. *O século XXI: socialismo ou barbárie?* São Paulo: Boitempo, 2003.

_____. *Para Além do Capital.* São Paulo: Boitempo; Campinas/SP: UNICAMP, 2000.

MINAYO, C. e VALLA, V. V. *Subsídios para uma reconstrução histórica da FASE:* A primeira década de 1961/1970. Rio de Janeiro: FASE, 1982.

MONTAÑO, C. *Terceiro setor e questão social: crítica ao padrão emergente de intervenção social.* São Paulo: Cortez, 2002.

NOSELLA, Paolo. *A Escola de Gramsci.* Porto Alegre: Artes Médicas, 1992.

OFFE, C. *Capitalismo desorganizado.* São Paulo: Brasiliense, 1989.

OFFE, C. *Trabalho e sociedade.* Vol. II, Rio de Janeiro: Tempo Brasileiro, 1991.

OLIVEIRA, F. *Os direitos do antivalor.* Petrópolis: Vozes, 1998.

_____. Entre a complexidade e o reducionismo: para onde vão as ONGs da democratização? In: HADDAD, S. (org.). ONGs e Universidade: desafios para a cooperação na América Latina, 2002.

_____. *A economia da dependência imperfeita.* 2ª ed. Rio de Janeiro: Graal, 1977.

OLIVEIRA, P. de S. *Metodologia das ciências humanas.* São Paulo: Hucitec, 1998.

ONGs E EDUCAÇÃO: contribuições de Minas. *Referências apontados no encontro estadual de educação para todos e as ONGs?* UNICEF, 1994, 49 p.

PAIVA, Vanilda. Introdução. PAIVA, V. (org.). *Perspectivas e Dilemas da Educação Popular.* Rio de Janeiro: Ed. Graal, 1984, p. 15-60.

_____. *Educação Popular e Educação de Adultos*. São Paulo: Loyola, 1983.

PAULO NETTO, José. *Capitalismo monopolista e serviço social*. São Paulo: Cortez, 1996.

Primeiro Encontro Internacional de Ongs e o Sistema de Agências das Nações Unidas, 1992, Rio de Janeiro: IBASE – PNUD, 1992, 328 p.

PEREIRA, L. C. B. *A reforma do Estado nos anos 90: lógica e mecanismo de controle*. Brasília: MARE, 1997.

POCHMANN, M. *A década dos mitos: o novo modelo econômico e a crise do trabalho no Brasil*. São Paulo: Contexto, 2001.

POULANTZAS, N. *O Estado, o poder e o socialismo*. Rio de Janeiro: Graal, 1981.

RAITZ, T. R. *Discursos plurais assessorando um movimento popular em Florianópolis: estudo de caso de uma Organização Não Governamental*. Programa de Pós-Graduação em Sociologia. Florianópolis: UFSC, 1994. Dissertação.

RIBEIRO, M. "Exclusão: problematização do conceito". In: *Educação e Pesquisa*, v. 25, n. 1. São Paulo: FAE/USP, jan. /jun. , 1999, p. 35-50.

_____. "Educação para a cidadania: questão colocada pelos movimentos sociais". In: *Educação e Pesquisa*, v. 28, n. 2. São Paulo: FAE/USP, jul./dez. 2002, p. 113-128.

_____. "Luta de classes: um conceito em estado político para leitura dos movimentos sociais". In: FERRARO, A. R. e RIBEIRO, M. (org.). *Movimentos sociais: revolução e ação*. Educat, 1999b, p. 137-174.

_____. "O caráter pedagógico dos movimentos sociais". In: FERRARO, A. R e RIBEIRO, M. (org.). Movimentos sociais: revolução e ação. Educat, 1999a, p. 103-136.

_____. "Da educação popular à Pedagogia da Terra: apontamentos a uma Pedagogia Social". In: HENZ, C. I. e GHIGGI, G. *Memórias,*

Diálogos & Sonhos do Educador. Santa Maria/RS: UFSM, Pallotti, UFPel, 2005, p. 201-218.

RIFKIN, J. *O Fim dos Empregos. O declínio inevitável dos níveis dos empregos e a redução da força global de trabalho*. São Paulo: Makron Books, 1995.

ROCHE, C. *Avaliação de impacto dos trabalhos de ONGS: aprendendo a valorizar as mudanças*. São Paulo: Cortez, 2002.

SADER, E. *A Revolução Cubana*, 3ª ed. São Paulo: Moderna, 1985.

SANTOS, J. dos. "Estado e terceiro setor: os (des)caminhos da nova parceria público e privado na educação". In: *Universidade e Sociedade*. Brasília, ano XV, n. 35, 2005.

SCHERER-WARREN, I. *Cidadania sem fronteiras*. São Paulo: Hucitec, 1999.

_____. *ONGs na América Latina: trajetória e perfil*. Digitado, 1991.

_____. *ONG, um perfil em construção*. Digitado, 1993.

SOARES, L. T. R. *Ajuste neoliberal e desajuste social na América Latina*. Petrópolis, RJ: Vozes, 2001.

_____. *Os custos sociais do ajuste neoliberal na América Latina*. São Paulo: Cortez, 2000.

SOARES, M. C. C. *Banco Mundial, política e reforma*. In: TOMMASI, L.; WARDE, M. J. e HADDAD, S. (orgs.). *O Banco Mundial e as políticas educacionais*. São Paulo: Cortez, 1996.

SOUZA, H. "As ONGs na década de 90". In: *Desenvolvimento, cooperação internacional e as ONGs*. 1992, p. 140-144.

_____. "Um relatório incompleto". In: *Desenvolvimento, cooperação internacional e as ONGs*. 1992, p. 137-139.

SCHULTZ, T. W. *Investindo no povo*. Rio de Janeiro: Forense Universitária, 1987.

_____. *O Capital Humano. Investimentos em educação e pesquisa*. Rio de Janeiro: Zahar, 1973.

STEIL, C. A. "Estado, movimentos sociais e ONGs: a guerra-fria e a globalização como cenário de compreensão da realidade social". In: *Revista do Instituto de Filosofia e Ciências Humanas / Universidade Federal do Rio Grande do Sul*, v. 16. Porto Alegre, 2001.

STEIL, C. A. e CARVALHO, I. C. M. "ONGs no Brasil: elementos para uma narrativa política". In: *Revista do Instituto de Filosofia e Ciências Humanas* / Universidade Federal do Rio Grande do Sul, v. 16. Porto Alegre, 2001.

TOMMASI, L. , WARDE, M. J. HADDAD, S. O. *Banco Mundial e as políticas educacionais*. São Paulo: Cortez, 1996.

TRIVIÑOS, A. N. S. *Introdução à pesquisa em ciências sociais*. São Paulo: Atlas, 1987.

THOMPSON, E. P. *A miséria da teoria:ou um planetário de erros, crítica ao pensamento de Althusser*. Rio de Janeiro: Zahar Editores, 1981.

_____. *Tradición, revuelta y consciencia de clase. Estúdios sobre la crisis de la sociedad preindustrial*. 2ª ed. Barcelona: Ed. Crítica, 1984.

UNICEF. *Educação para todos: e as ONGs*. Brasília [s. n. t.] (1992).

UNICEF. *ONGs e educação: contribuição de Minas*. Minas Gerais [s. n. t.], 1994.

WOOD, E. M. *Democracia contra capitalismo: a renovação do materialismo histórico*. São Paulo: Boitempo, 2003.

YAZBEK, M. C. *Classes subalternas e assistência social*. São Paulo: Cortez, 1996.

Revistas, documentos e entrevistas

Entrevista com Maria Emília Lisboa Pacheco. FASE-RJ, 12/03/2005.

Entrevista com Pedro Cláudio Cunca Bocayuva Cunha. FASE-RJ, 12/03/2005.

Entrevista com Jorge Eduardo Saavedra Drão. FASE-RJ, 12/03/2005.

Entrevista com Jean-Pierre Leroy. FASE-RJ, 12/03/2005.

Entrevista com Matheus Oterloo. FASE-Belém/PA, 03/01/2005.

40 anos de luta por um direito fundamental: A ÁGUA. Rio de Janeiro: FASE, 2001.

BRASIL, *Projeto Comunidade Solidária*. Brasília/DF, 1994.

Cenários do século XXI. Rio de Janeiro: FASE, 1996.

Compromisso Básico da FASE. Rio de Janeiro: FASE, 1987.

Economia solidária I. Rio de Janeiro: FASE, 1997.

Economia solidária II., Rio de Janeiro: FASE, 1997/1998.

História da FASE: 1961/1986. Rio de Janeiro: FASE, 1986.

Os desafios do mundo do trabalho. Rio de Janeiro: FASE, 1997.

Plano Estratégico Institucional. Rio de Janeiro: FASE, 2000/2004.

Plano Trienal. Rio de Janeiro: FASE, 2002/2004.

www.fase.org.br 23/04/2003.

Por que vale a pena apoiar o trabalho da FASE? Rio de Janeiro: FASE, 1999.

Proposta: experiências em educação popular. Rio de Janeiro: FASE, 1976.

Unidade de Planejamento. Rio de Janeiro: FASE, 2002.

Impressão e acabamento
Gráfica e Editora Santuário
Em Sistema CTcP
Rua Pe. Claro Monteiro, 342
Fone 012 3104-2000 / Fax 012 3104-2036
12570-000 Aparecida-SP